DAS TRIPLE P ELTERNARBEITSBUCH

Der Ratgeber zur positiven Erziehung mit praktischen Übungen

Carol Markie-Dadds MPsychClin
Matthew R. Sanders PhD
Karen M. T. Turner MPsychClin

Deutsche Bearbeitung: PAG Institut für Psychologie AG, Münster

Published by
Triple P International Pty. Ltd. ABN 17 079 825 817
PO Box 1300
Milton QLD 4064

Website: www.triplep.net

Written by   Carol Markie-Dadds,
                  Matthew R. Sanders &
                  Karen M.T. Turner

Deutsche Ausgabe:
Herausgeber: PAG Institut für Psychologie AG
Verlag für Psychotherapie, Münster
© 2003 PAG Institut für Psychologie AG

Website: www.triplep.de

ISBN 3-931521-79-6
3. veränderte Auflage

Satz und Herstellung: Inter[net]litho, Münster

Cover and text design by Andrea Cox
Cartoons by Heck Lindsay

Inhalt

Danksagung

Der hier vorgestellte Ansatz der „Positiven Erziehung" (Triple P = Positive Parenting Program) wurde in langjähriger Forschung an der Universität von Queensland in Australien entwickelt. In enger Zusammenarbeit mit Familien wurden am dortigen Forschungszentrum Ideen erarbeitet, die beim Umgang mit häufigen kindlichen Verhaltensauffälligkeiten wie z.B. Schlaf- oder Essproblemen, Gequengel, Ungehorsam, Wutanfällen oder Aggressionen und anderen täglich erlebten Schwierigkeiten Hilfestellung bieten können. Viele der in diesem Buch dargestellten Ideen und Prinzipien der positiven Erziehung sind das Ergebnis von Erfahrungen und Rückmeldungen der Eltern und Kinder, die an Forschung und Therapieprogrammen beteiligt waren. Ihnen ist Triple P gewidmet.

Über die Autoren

Carol Markie-Dadds und **Karen Turner** sind klinische Psychologinnen an der Universität von Queensland. Als Therapeutinnen und Koordinatorinnen des Triple P-Programms im Parenting-and-Family-Support-Centre haben beide umfassende wissenschaftliche und praktische klinische Erfahrungen in der therapeutischen Arbeit mit Familien und Kindern.

Prof. Dr. Matt Sanders ist Professor für Klinische Psychologie, Verhaltenstherapeut und Leiter des Parenting-and-Family-Support-Centre der Universität von Queensland in Australien. In den letzten 25 Jahren hat Professor Sanders für seine Forschungen im Bereich familiärer Interaktionen, kindlicher Verhaltensauffälligkeiten und deren Prävention internationale Anerkennung erlangt.

Prof. Dr. Kurt Hahlweg ist Professor für Klinische Psychologie, Psychotherapie und Diagnostik am Institut für Psychologie der Technischen Universität Braunschweig und wissenschaftlicher Leiter des Instituts Braunschweig der Christoph-Dornier-Stiftung für Klinische Psychologie. Als internationaler Experte für Paartherapie und Prävention von Beziehungsstörungen führte er die weltweit umfangreichsten Wirksamkeitsstudien in diesen Bereichen durch und ist Autor von zahlreichen Beiträgen in Fachzeitschriften und Büchern. In einem von der Deutschen Forschungsgemeinschaft DFG geförderten Projekt untersucht er die Wirksamkeit von Triple P in Deutschland.

Die **Christoph-Dornier-Stiftung für Klinische Psychologie** ist eine gemeinnützige Stiftung bürgerlichen Rechts mit Sitz an der Philipps-Universität Marburg. Ziel der Stiftung ist es, die Klinische Psychologie in Forschung und Praxis zu fördern. Hierzu stellt die Christoph-Dornier-Stiftung psychotherapeutische Behandlungseinrichtungen bereit, betreibt klinisch-psychologische Grundlagen- und Anwendungsforschung und informiert die Öffentlichkeit über wichtige Erkenntnisfortschritte und Verbesserungen der Behandlungsmöglichkeiten. Ein durch deutsche Wissenschaftler besetztes Kuratorium sowie ein international besetzter Beirat gewährleisten das hohe wissenschaftliche Niveau der Stiftungsarbeit. Die Christoph-Dornier-Stiftung betreibt Institute an folgenden Universitäten: Braunschweig, Bielefeld, Düsseldorf, Köln, Marburg, Tübingen und Nijmegen (Niederlande), sowie freie Institute in Berlin und Münster.
In den durch die Christoph-Dornier-Stiftung betriebenen Instituten wird ausschließlich mit wissenschaftlich fundierten Therapiemethoden gearbeitet, die in kontrollierten Studien mehrfach auf ihre Wirksamkeit überprüft wurden. Der Schwerpunkt der therapeutischen und wissenschaftlichen Arbeit im Institut Braunschweig sind Angststörungen, Bulimische Essstörungen, psychotische Erkrankungen und Beziehungsstörungen bei Paaren sowie Präventionsprogramme für Paare und Familien (Kommunikations- und Problemlösetrainings für hetero- und homosexuelle Paare; Trainings zum positiven Elternverhalten).

Vorwort

Ziel des „Positiven Erziehungsprogramms" ist es, Elternschaft etwas leichter und dadurch schöner zu machen. Dieses Arbeitsbuch für Eltern gibt Anregungen, die Ihnen helfen sollen, eine gute Beziehung zu Ihrem Kind aufzubauen und es in seiner Entwicklung zu unterstützen.

Alle Eltern wissen, dass Elternschaft sehr schön und beglückend, aber nicht immer einfach ist. Oft kann die Erziehung von Kindern auch anstrengend und frustrierend sein. Die nächste Generation heranzuziehen, ist für Eltern eine verantwortungsvolle Aufgabe - und trotzdem beginnen die meisten ihre „elterliche Karriere" ohne Vorbereitung auf das, was auf sie zukommt. Sie lernen durch Versuch und Irrtum. Glückliche, gesunde und anpassungsfähige Kinder in einer liebevollen Umgebung großzuziehen, stellt für alle Eltern eine große Herausforderung dar.

Es gibt nicht „die richtige Erziehung", sondern viele verschiedene Wege und Ansichten darüber, wie Eltern ihre Kinder erziehen sollten. Sie als Eltern entscheiden, welche Werte, Fähigkeiten und Verhaltensweisen Sie bei Ihrem Kind fördern möchten und wie Sie auf das Verhalten Ihres Kindes reagieren. Triple P hat sich für viele Eltern als hilfreich erwiesen und kann vielleicht auch Ihnen einige Ideen geben, um den Herausforderungen der Erziehung zu begegnen.

Wir hoffen, dass Ihnen dieses Programm dabei helfen kann, eine der wichtigsten und schönsten Aufgaben der Gesellschaft zu übernehmen - nämlich die nächste Generation großzuziehen.

Zur Benutzung dieses Arbeitsbuches

Dieses Arbeitsbuch kann allein oder zusammen mit anderen Triple P-Materialien verwendet werden. Sie werden gebeten, jede Woche bestimmte Abschnitte in Ihrem Arbeitsbuch zu lesen und dazu einige praktische Übungen durchzuführen. Am Ende des Arbeitsbuches finden Sie Lösungsvorschläge für die Übungen, die Ihnen helfen sollen, die positiven Strategien in Ihrer Familie anzuwenden.

Das Triple P-Programm ist so konzipiert, dass Sie sobald wie möglich alle Informationen und Fertigkeiten besitzen, die Sie brauchen, um die positiven Erziehungsstrategien anzuwenden. Daher werden Sie in manchen Wochen mehr zu lesen haben und mehr Übungen durchführen müssen, als in anderen Wochen. Die Übungen sind so angelegt, dass sie Ihnen helfen, die vorgestellten Erziehungsstrategien in Ihrer Familie anzuwenden. Jede Woche werden Sie gebeten, einige der Strategien zu Hause auszuprobieren. Das gibt Ihnen die Möglichkeit zu sehen, wie die Strategien bei Ihnen wirken. Damit sich das Programm für Sie lohnt, ist es wichtig, dass Sie versuchen, die praktischen Übungen umzusetzen.

Das Programm ist so angelegt, dass Sie es in zehn Wochen durcharbeiten können, wenn Sie sich einmal pro Woche Zeit nehmen. Am besten ist es, wenn Sie die jeweiligen Texte lesen und gleich bzw. in der gleichen Woche die dazugehörigen Übungen durchführen. Versuchen Sie nicht, zu viel Text an einem Stück zu lesen oder alle Übungen auf einmal zu erledigen. In Familien, in denen beide Elternteile an der Erziehung beteiligt sind, ist es ratsam, dass Sie das Triple P-Programm zusammen durchgehen. Wenn das jedoch nicht möglich ist, können Sie das Elternarbeitsbuch natürlich auch alleine erfolgreich durcharbeiten.

Weitere Triple P-Materialien

Die "Kleinen Helfer"

Neben dem Arbeitsbuch für Eltern gibt es eine Reihe von Triple P-Erziehungsratgebern: die Triple P-Broschüre und die *„Kleinen Helfer"* für verschiedene Altersstufen (Säuglinge, Kleinkinder, Kindergartenkinder und Grundschulkinder), die sich jeweils auf spezielle Problembereiche (z.B. selbstständig essen, Aggressionen, Sprachentwicklung oder Hausaufgaben) beziehen. Die Idee der *„Kleinen Helfer"* ist es, Eltern praktische Informationen und Tipps zu geben, wie sie die Entwicklung ihrer Kinder fördern können und wie sie mit verschiedenen Erziehungsproblemen, die in einem bestimmten Alter typisch sind, umgehen können. Die *„Kleinen Helfer"* sind am hilfreichsten, wenn Sie zuerst das Triple P-Elternarbeitsbuch oder auch die Triple P-Broschüre durchgehen und anschließend auf einzelne Themen der *„Kleinen Helfer"* zurückgreifen.

Das Triple P-Video

Vielleicht ist es Ihnen eine Hilfe, zusätzlich das Video *„Überlebenshilfe für Eltern"* anzusehen, das die positiven Strategien anschaulich zeigt. Im Video werden die Ideen und Anregungen der *„Positiven Erziehung"* anhand von Beispielen illustriert, und es wird beschrieben, wie Eltern mit speziellen Problemen bei Kindern umgehen können.

Wo Sie die Materialien bekommen:

PAG Institut für Psychologie AG
Nordstraße 22
48149 Münster
Tel. 0251/51 89 41
Fax 0251/200 79 200

Außerdem können Sie alle Triple P-Materialien auch im Internet unter www.triplep.de bestellen.
Für weitere Information stehen wir Ihnen unter der genannten Telefonnummer gerne zur Verfügung.

Überblick über das Triple P-Elternarbeitsbuch

Woche	Themenübersicht
1	• Was ist Positive Erziehung? • Faktoren, die das Verhalten von Kindern beeinflussen • Ziele für Veränderungen • Kindliches Verhalten genau beobachten
2	• Entwicklung positiver Beziehungen zu Kindern • Förderung angemessenen Verhaltens • Beibringen neuer Fertigkeiten und Verhaltensweisen
3	• Umgang mit Problemverhalten • Die Entwicklung von Erziehungsroutinen • Abschluss der Punktekarte
4	• Eine praktische Übung planen • Die Anwendung der Strategien überprüfen • Die Durchführung selbst bewerten
5	• Eine praktische Übung planen • Die Anwendung der Strategien überprüfen • Die Durchführung selbst bewerten
6	• Eine praktische Übung planen • Die Anwendung der Strategien überprüfen • Die Durchführung selbst bewerten
7	• Überlebenstipps für Familien • Risikosituationen • Aktivitätenpläne
8	• Die Durchführung der Aktivitätenpläne überprüfen • Vorausplanen
9	• Die Durchführung der Aktivitätenpläne überprüfen • Vorausplanen
10	• Die Durchführung der Aktivitätenpläne überprüfen • Abschluss des Programms • Fortschritte überprüfen • Veränderungen aufrechterhalten • Ziele für die Zukunft

Positive Erziehung

Überblick

Während der ersten Woche werden Sie in die Ziele und Inhalte von Triple P eingeführt. Dabei wird Ihnen mit Triple P eine mögliche Methode der Kindererziehung vorgestellt. Sie werden die Gelegenheit haben, über Ihre eigenen Erfahrungen als Mutter oder Vater und Ihre Vorstellungen von Erziehung nachzudenken. Danach wird es um Faktoren gehen, die das Verhalten von Kindern beeinflussen können. Zum Schluss sollen Sie sich Gedanken über Ihre eigenen, ganz individuellen Veränderungsziele machen und Ideen erhalten, wie man das Verhalten von Kindern genau beobachten kann.

Ziele

Am Ende der ersten Sitzung sollten Sie in der Lage sein,
- positives Erziehungsverhalten zu beschreiben und zu wissen, was es beinhaltet.
- Faktoren zu identifizieren, die für das Verhalten Ihres Kindes eine Rolle spielen.
- sich Ziele zu setzen für Veränderungen im Verhalten Ihres Kindes und in Ihrem eigenen Verhalten.
- mit der Beobachtung von ein oder zwei Verhaltensweisen Ihres Kindes zu beginnen.

ÜBUNG **1** *Was Sie gerne aus dem Programm mitnehmen möchten*

> Denken Sie darüber nach, warum Sie das Triple P-Programm durchführen möchten und was Sie sich von dem Programm erhoffen. Notieren Sie Ihre Ideen in diesem Feld.
>
> ....
>
> ....
>
> ....
>
> ....

Vielleicht nehmen Sie am Triple P-Programm teil, weil Sie wissen möchten, wie Sie mit Problemen wie zum Beispiel aggressivem Verhalten, Ungehorsam oder Wutanfällen bei Ihren Kindern umgehen sollen. Vielleicht suchen Sie auch nach Lösungen für einige alltägliche Probleme, wie zum Beispiel, mit Kindern Einkaufen zu gehen, Kinder dazu zu bringen, im Haushalt zu helfen oder Kinder dazu zu bewegen, nachts im eigenen Bett zu schlafen. Vielleicht wollen Sie die Strategien der Positiven Erziehung auch ganz einfach kennen lernen, um Ihr Kind in seiner Entwicklung zu fördern. Was auch immer Ihre Gründe sind, um an diesem Programm teilzunehmen, wir begrüßen Sie hiermit ganz herzlich und hoffen, dass sowohl Sie als auch Ihr Kind von dem Programm profitieren werden.

Was ist Positive Erziehung?

Positive Erziehung hat das Ziel, die kindliche Entwicklung zu fördern und auf konstruktive und nicht verletzende Art und Weise mit kindlichem Verhalten umzugehen. Grundlage dafür sind viel positive Zuwendung und eine kindgerechte Kommunikation. Eltern können ihren Kindern durch eine positive Erziehung helfen, ihre Fähigkeiten zu entwickeln und ein positives Selbstbild aufzubauen. Diese Kinder werden dann auch mit geringerer Wahrscheinlichkeit Verhaltensauffälligkeiten entwickeln. Die folgenden fünf Aspekte bilden die Grundlage für eine Positive Erziehung:

Sorgen Sie für eine sichere und interessante Umgebung

Kleine Kinder brauchen eine sichere Umgebung zum Spielen, insbesondere wenn sie anfangen zu krabbeln. Unfälle im Haus sind eine der häufigsten Ursachen für Verletzungen bei kleineren Kindern. Eine sichere Umgebung bedeutet für Sie als Eltern, dass Sie sich besser entspannen können, während Ihr Kind ohne Gefahr auf „Entdeckungsreise" geht. Machen Sie Ihre Wohnung sicher, indem Sie gefährliche Dinge außer Reichweite stellen, Schränke und Schubladen mit Kindersicherungen versehen und den Zugang zu gefährlichen Bereichen z.B. durch Gitter verhindern. Wenn Ihr Kind älter wird, können Sie viele dieser Einschränkungen allmählich aufheben.

Kinder brauchen eine interessante Umgebung, die ihnen viele Möglichkeiten und Anreize zum Entdecken, Erforschen, Ausprobieren sowie zur Entwicklung ihrer Fähigkeiten bietet. Ein Zuhause voller interessanter Aktivitäten wird sowohl die Neugier Ihres Kindes wecken als auch seine Sprachentwicklung und seine geistige Entwicklung fördern. Es wird auch dafür sorgen, dass das Kind aktiv und beschäftigt ist und damit die Wahrscheinlichkeit von Problemverhalten verringern. Kinder müssen auch angemessen beaufsichtigt werden. Dies bedeutet, dass Eltern jederzeit wissen sollten, wo sich ihr Kind gerade aufhält, mit wem es zusammen ist und was es tut.

Schaffen Sie eine positive und anregende Lernatmosphäre

Eltern müssen für ihre Kinder da sein. Das bedeutet jedoch nicht, dass sie ununterbrochen mit ihnen zusammen sein müssen, sondern dass sie für sie da sind, wenn sie Unterstützung, Zuwendung oder Aufmerksamkeit benötigen. Wenn sich Ihr Kind an Sie wendet, unterbrechen Sie, wenn möglich, Ihre Tätigkeit und beschäftigen Sie sich für kurze Zeit mit Ihrem Kind.

Unterstützen Sie Ihr Kind dabei, etwas Neues zu lernen, indem Sie es dazu ermutigen, Dinge selbst auszuprobieren. Ermutigung und positive Zuwendung motivieren Kinder zum Lernen. Wenn Ihr Kind etwas tut, was Sie gut finden, schenken Sie ihm Aufmerksamkeit. Wenn Sie Ihrem Kind signalisieren, dass Ihnen sein Verhalten gefällt, wird es dieses mit größerer Wahrscheinlichkeit erneut zeigen.

Verhalten Sie sich konsequent

Sich konsequent zu verhalten bedeutet, konstant (d.h. in jedem Fall) und sofort auf unangemessenes Verhalten zu reagieren und dem Kind beizubringen, wie es sich angemessen verhalten kann. Wenn Eltern sich bei der Erziehung konsequent verhalten, lernen Kinder, selbst Verantwortung für ihr Handeln zu übernehmen, die Bedürfnisse anderer zu erkennen und Selbstkontrolle zu erlangen. Kinder werden außerdem mit geringerer Wahrscheinlichkeit Verhaltensauffälligkeiten entwickeln, wenn ihre Eltern konstant und vorhersehbar reagieren.

Sie können die Persönlichkeit Ihres Kindes respektieren und trotzdem angemessenes Verhalten von ihm erwarten. Wenn Ihr Kind sich schlecht benimmt oder wütend ist, sollten Sie ruhig bleiben und Schimpfwörter, Drohungen, Schreien und Schläge vermeiden. So können Sie das Selbstwertgefühl Ihres Kindes wahren, gleichzeitig aber angemessenes Verhalten erreichen.

Erwarten Sie nicht zu viel

Die Erwartungen von Eltern an ihre Kinder richten sich danach, was sie für ein bestimmtes Alter für normal halten. Dabei sollten Sie jedoch nicht vergessen, dass

Kinder Individuen sind, die sich unterschiedlich schnell entwickeln. Kinder müssen einen gewissen Entwicklungsstand erreicht haben, bevor sie etwas Neues lernen können, wie z.B. das Benutzen der Toilette, das selbstständige Anziehen oder Essen. Wenn Sie unsicher sind, ob Ihr Kind bereits zum Erlernen einer neuen Fertigkeit in der Lage ist, können Sie eine professionelle Beratung in Betracht ziehen. Probleme können auftreten, wenn Eltern zu früh zu viel erwarten oder wenn sie glauben, ihr Kind müsse perfekt sein. Wenn Eltern beispielsweise verlangen, dass ihre Kinder immer höflich, fröhlich und kooperativ oder immer ordentlich und hilfsbereit sind, kann dies zu Enttäuschungen und Konflikten führen. Erwarten Sie nicht, dass Ihr Kind perfekt ist. Alle Kinder machen Fehler und die meisten Fehler werden nicht mit Absicht gemacht.

Ebenso wichtig ist es für Eltern, realistische Erwartungen an sich selbst zu stellen. Sicher ist es gut, wenn Sie als Eltern versuchen, Ihr Bestes zu geben, aber das Streben nach Perfektion kann schnell zu Überforderung und Frustration führen. Seien Sie nicht zu hart mit sich selbst. Jeder lernt durch Erfahrung.

Vernachlässigen Sie Ihre eigenen Bedürfnisse nicht

Es ist einfacher für Sie, Ihre Elternrolle zu erfüllen, wenn Sie auch Ihre persönlichen Bedürfnisse nach Intimität, Geselligkeit, Erholung und Zeit für sich selbst beachten. Gute Eltern zu sein bedeutet nicht, dass Ihre Kinder Ihr Leben beherrschen sollten. Wenn Ihre eigenen Bedürfnisse erfüllt werden, ist es für Sie viel leichter, geduldig und konsequent mit Ihren Kindern umzugehen und für sie da zu sein.

ÜBUNG 2 *Was ist Positive Erziehung?*

Welche dieser Prinzipien der Positiven Erziehung finden Sie leicht zu befolgen? Warum?

....

....

....

....

Welche der Prinzipien finden Sie schwierig? Warum?

....

....

....

....

Welche anderen Dinge sind wichtig, um die Entwicklung eines Kindes zu fördern?

....

....

....

....

Faktoren, die das Verhalten von Kindern beeinflussen

Warum zeigen Kinder ein bestimmtes Verhalten? Wie kommt es, dass sich die Kinder ein und derselben Familie in mancher Hinsicht so ähnlich und andererseits doch so verschieden sind? Um zu verstehen, wie sich das Verhalten von Kindern entwickelt, müssen wir drei Aspekte berücksichtigen: das genetische Erbe, das familiäre Umfeld und die Gesellschaft, in der wir leben. Diese Faktoren bestimmen einerseits die Entwicklung von Fähigkeiten, Einstellungen und Fertigkeiten, andererseits haben sie auch Einfluss darauf, ob Kinder Verhaltensprobleme entwickeln.

ÜBUNG **3** *Faktoren erkennen, die das Verhalten von Kindern beeinflussen*

Sowohl erwünschtes als auch unerwünschtes Verhalten von Kindern hat einen Grund. Wenn wir diese Gründe verstehen, können wir darüber nachdenken, welche Veränderungen wir bei unserem Kind und bei uns selbst vornehmen müssen, um Problemverhalten vorzubeugen. Ziel dieser Übung ist es, zu verstehen, welche Dinge in Ihrer Familie passieren, die möglicherweise das Verhalten Ihres Kindes beeinflussen. Weil niemand Ihr Kind besser kennt als Sie, sind Sie der Experte für diese Frage. Während Sie den folgenden Abschnitt über Faktoren, die kindliches Verhalten beeinflussen, lesen, sollten Sie sich drei Dinge fragen: Trifft das auf mein Kind zu? Welche Faktoren erklären das Verhalten meines Kindes am besten? Gibt es noch weitere wichtige Aspekte, die nicht in der Liste enthalten sind? Sie können sich in den freien Spalten Bemerkungen notieren.

Wenn Sie dieses Programm als Elternpaar durchführen, ist es wichtig, dass sich jeder von Ihnen auf sich selbst konzentriert. Vermeiden Sie, Ihre Partnerin oder Ihren Partner für das Verhalten Ihres Kindes verantwortlich zu machen. Versuchen Sie, Ihren eigenen Erziehungsstil zu betrachten.

GENETISCHE ANLAGEN UND BIOLOGISCHE FAKTOREN

Kinder erben von ihren Eltern einzigartige genetische Anlagen. Dies können sowohl körperliche Merkmale, wie z.B. Augenfarbe oder Art der Haare, aber auch Verhaltensmuster und emotionale Eigenschaften sein. So ist es möglich, dass Kinder, die sich schlecht konzentrieren können oder die schnell traurig und verstimmt sind, genetische Anlagen haben, die diese Schwierigkeiten begünstigen. Auch das Temperament können Kinder von ihren Eltern erben, z.B. wie gesellig oder aufgeschlossen, wie lebhaft oder emotional sie sind. Manche dieser Eigenschaften können den Umgang mit den Kindern erschweren. Einige Kinder verlangen z.B. sehr viel Aufmerksamkeit, andere sind sehr lebhaft und aktiv und erforschen ständig ihre Umgebung. Andere Kinder weinen sehr viel oder sorgen ständig für Aufregung, sodass es schwer ist, sie an regelmäßige Essens- oder Schlafzeiten zu gewöhnen. Trotzdem entwickeln nicht alle „schwierigen" Babies später Verhaltensauffälligkeiten und umgekehrt sind nicht alle unkomplizierten Säuglinge auch automatisch unproblematische Kinder. Das Verhalten von Kindern liegt nicht nur in ihrem Temperament begründet, sondern auch in der Art, wie andere Menschen auf ihr Verhalten reagieren.

Wie war Ihr Kind, als es klein war?

• Es war gerne in Gesellschaft und verlangte viel Beachtung. ☐

• Es war sehr leicht aus der Ruhe zu bringen, schwer zu beruhigen und reagierte heftig auf plötzliche Veränderungen. ☐

• Es war sehr lebhaft, immer beschäftigt und schwer zu bändigen. ☐

Kommentare:

....

....

....

....

DAS FAMILIÄRE UMFELD

Die genetischen Anlagen von Kindern kann man nicht verändern. Kinder lernen aber auch von ihrem familiären Umfeld und dieses können Sie verändern, um Ihrem Kind beizubringen, sich angemessener zu verhalten. Wenn man versteht, wie Kinder von ihrer Umgebung lernen, ist es leichter, auf Probleme zu reagieren. Dazu einige Beispiele:

Zufällige Belohnung von unerwünschtem Verhalten

Kinder lernen schnell, dass ihr Verhalten Folgen hat und dass sie das Handeln anderer beeinflussen können. Ein Problemverhalten wird mit höherer Wahrscheinlichkeit andauern, wenn Kinder dadurch erreichen, was sie wollen. Oft wird unangemessenes Verhalten zufällig belohnt oder bringt einen versteckten Nutzen. Zu zufälligen Belohnungen gehören Beachtung (z.B. mit dem Kind reden, ihm zuzwinkern oder lächeln), materielle Belohnungen (z.B. Spielzeug), Aktivitäten (z.B. wenn die Eltern das Kind mit einem Spiel ablenken) oder Essen (z.B. Süßigkeiten). Wenn Sie beispielsweise lachen oder sehr lange mit Ihrem Kind diskutieren, wenn es zum ersten Mal ein Schimpfwort benutzt, kann diese zusätzliche Aufmerksamkeit Ihr Kind dazu ermutigen, es häufiger zu gebrauchen.

Passieren Ihnen solche „versehentlichen Belohnungen"?

- Aufmerksamkeit/Beachtung ☐
- Materielle Belohnungen ☐
- Spielen als Belohnung ☐
- Essen als Belohnung ☐

Kommentare:

_____

_____

_____

_____

Eskalationsfallen

Kinder können lernen, dass sie ihren Willen eher durchsetzen, wenn sie ihr problematisches Verhalten steigern. Zum Beispiel kommt es vielleicht vor, dass Ihr Kind Sie kurz vor dem Essen um einen Keks bittet. Sie antworten ihm möglicherweise mehrfach mit *Nein*. Wenn Ihr Kind jedoch weiter auf seinen Wunsch besteht und immer lauter und fordernder wird, könnten Sie in eine „Falle" geraten, indem Sie Ihrem Kind den Keks schließlich doch geben, nur um das Geschrei zu beenden. Unglücklicherweise wird Ihr Kind so jedoch dafür belohnt, dass es fordernder wurde. Es lernt somit, dass es hartnäckiger und lauter werden muss, um seinen Willen durchzusetzen. Auch Sie als Eltern werden belohnt, da Ihr Kind - zumindest für kurze Zeit - aufhört zu schreien. Da sowohl Sie als auch Ihr Kind einen Nutzen daraus ziehen, ist es wahrscheinlich, dass eine solche eskalierende Situation erneut entstehen wird.

Auf ähnliche Weise können sich auch Eltern angewöhnen, lauter zu werden und heftiger zu reagieren, wenn sie sich dadurch besser durchsetzen können. Ein Beispiel: Sie sagen Ihrem Kind mehrmals erfolglos, dass es aufräumen soll und werden dabei allmählich lauter. Schließlich verlangen Sie ärgerlich von Ihrem Kind, dass es tut, was Sie ihm gesagt haben, bevor Sie bis drei gezählt haben, *sonst…*! Ihr Kind lernt dann, dass Sie es nur ernst meinen, wenn Sie schreien und anfangen zu drohen. Es wird folglich auf diese Anzeichen warten, bevor es tut, was Sie ihm gesagt haben. Sie profitieren von dem Schreien, da Ihr Kind tut, was Sie verlangt haben, und Ihr Kind wird belohnt, da Sie aufhören, es anzuschreien. Da sowohl Sie selbst als auch Ihr Kind davon profitieren, ist es wahrscheinlich, dass eine derartige Eskalation erneut auftreten wird.

Kennen Sie solche Eskalationsfallen aus Ihrer Familie?

- Ja, von meinem Kind. ☐

- Ja, von mir selbst. ☐

Kommentare:

....

....

....

Ignorieren von erwünschtem Verhalten

Einige Kinder haben wenig oder gar nichts davon, wenn sie sich gut benehmen. Leider wird Verhalten, das nicht beachtet wird, jedoch mit großer Wahrscheinlichkeit künftig seltener auftreten. Wenn angemessenes Verhalten ignoriert wird, lernen Kinder nämlich möglicherweise, dass die einzige Möglichkeit, beachtet zu werden, darin besteht, sich „daneben zu benehmen".

Passiert Ihnen das auch häufig?

- Erwünschtes Verhalten ignorieren ☐

Kommentare:

....

....

....

Anderen zusehen

Kinder lernen durch Beobachten, und zwar sowohl von „guten" als auch von „schlechten" Vorbildern. Wenn Eltern zum Beispiel ärgerlich werden und ihr Ziel erreichen, indem sie andere anschreien, lernen Kinder, dass Schreien in Ordnung ist, wenn man ein Problem hat. Kinder, deren Eltern häufig einen Klaps austeilen, werden mit größerer Wahrscheinlichkeit selbst andere schlagen. Verhaltensweisen wie Schreien, Widerworte geben, Wutanfälle, Fluchen, Schlagen, Unordnung sowie die Art und Weise, wie man auf beängstigende Dinge reagiert, können alle durch Beobachtung erlernt werden.

Schnappt Ihr Kind auch manchmal schlechte Gewohnheiten auf, indem es andere beobachtet?

• Lernen durch Beobachtung ☐

Kommentare:

....

....

....

Ungünstige Anweisungen

Ob Kinder eine Anweisung befolgen oder nicht, hängt in großem Maße davon ab, wie ihre Eltern die Anweisungen geben. Mögliche Probleme können sein:

• **Zu viele Anweisungen.** Jede erteilte Anweisung bietet Kindern eine Möglichkeit, nicht zu tun, was ihnen gesagt wurde. Werden zu viele Regeln aufgestellt, besteht die Gefahr, dass Kinder das Gefühl bekommen, es ihren Eltern überhaupt nicht recht machen zu können.

• **Zu wenige Anweisungen.** Kinder tun manchmal nicht wozu sie aufgefordert wurden, weil ihnen niemand klar gesagt hat, was von ihnen erwartet wird. Beispielsweise hat ein Kind vielleicht schlechte Tischmanieren, weil ihm niemand richtig erklärt hat, wie es Messer und Gabel benutzen muss.

• **Zu schwierige Anweisungen.** Anweisungen werden manchmal nicht befolgt, wenn Eltern zu viel von ihren Kindern erwarten und ihnen Anweisungen geben, die jenseits ihrer Möglichkeiten liegen. So ist z. B. ein dreijähriges Kind noch nicht in der Lage, selbstständig ein sehr unordentliches Zimmer aufzuräumen.

• **Anweisungen zur falschen Zeit.** Wenn das Kind sehr beschäftigt ist, z.B. weil es gerade seine liebste Fernsehsendung sieht, werden Anweisungen sehr wahrscheinlich ignoriert.

• **Zu ungenaue Anweisungen.** Es kann sein, dass Kinder Aufforderungen nicht nachkommen, weil sie die Anweisungen nicht verstehen, zum Beispiel wenn diese zu ungenau formuliert sind: *Sarah! Oder Sei nicht so albern!* – oder wenn Anweisungen als Frage formuliert sind wie z. B. *Möchtest du jetzt nicht ins Bett gehen?* Wenn Sie Ihrem Kind die Wahl lassen, müssen Sie damit rechnen, dass es mit *Nein* antwortet.

• **Anweisungen mit verwirrender Körpersprache.** Manchmal drückt Ihre Körpersprache eine andere Botschaft aus als das, was Sie sagen. Wenn Sie z.B. lachen oder lächeln, aber gleichzeitig Ihr Kind auffordern, etwas zu unterlassen, kann dies das Kind verwirren. Auch Anweisungen, die von einem Raum in den anderen gerufen werden, nehmen Kinder häufig nicht ernst. Wenn Eltern bei einer Anweisung nicht körperlich anwesend sind, erwarten Kinder oft keine Konsequenzen.

Geben Sie manchmal auch ungünstige Anweisungen?

- Zu viele ☐
- Zur falschen Zeit ☐
- Zu wenige ☐
- Zu ungenau ☐
- Zu schwierige ☐
- Verwirrende Körpersprache ☐

Kommentare:

....

....

....

....

Emotionale Botschaften

Wenn Eltern ihr Kind als Person kritisieren anstelle seines Verhaltens, kann das Selbstwertgefühl des Kindes darunter leiden. Kinder als *blöd* oder *Dummkopf* zu beschimpfen oder ihnen mit Aussagen wie *Was würde Omi denken, wenn sie dich so sehen könnte?* Schuldgefühle einzureden, kann dazu führen, dass sie nur aus Scham gehorchen. Dies kann Kinder jedoch auch wütend machen und Rachegefühle oder unkooperatives Verhalten hervorrufen.

Geben Sie manchmal solche emotionalen Botschaften, mit denen Sie

- Ihr Kind beschimpfen oder abwerten? ☐
- Schuldgefühle bei Ihrem Kind auslösen? ☐

Kommentare:

....

....

....

....

Ungünstiger Gebrauch von Konsequenzen

Kinder können durch die Art und Weise, wie Eltern mit Konsequenzen umgehen, Verhaltensprobleme entwickeln. Im folgenden finden Sie dafür einige Beispiele:

- **Konsequenzen werden angedroht, aber nicht umgesetzt.** Kurzfristig sind Androhungen von Konsequenzen vielleicht wirksam. Wenn Eltern die Konsequenzen jedoch nicht umsetzen, lernen die Kinder schon bald, dass sie die Anweisungen ignorieren können. Manchmal fassen Kinder Androhungen von Konsequenzen auch als eine Herausforderung auf, sodass sie die Grenzen austesten, um zu sehen was dann passiert.
- **Konsequenzen, die in Wut durchgesetzt werden.** Bei jüngeren Kindern besteht immer das Risiko, dass Sie die Kontrolle verlieren und Ihr Kind verletzten. Suchen Sie professionelle Hilfe, wenn Sie befürchten, dass dies passieren könnte.

- **Konsequenzen nach Zuspitzung der Situation.** Manchmal reagieren Eltern zu heftig auf ein Problemverhalten ihres Kindes, weil sie die Reaktion auf das Problemverhalten solange aufschieben, bis das Problemverhalten unerträglich für sie wird.
- **Widersprüchlicher Gebrauch von Konsequenzen.** Kinder können nur schwer lernen, was von ihnen erwartet wird, wenn sich ihre Eltern widersprüchlich verhalten. Wenn auf ein Verhalten einmal eine Konsequenz folgt und ein anderes Mal nicht, dann vermittelt das eine sehr verwirrende Botschaft. Probleme können auch entstehen, wenn Eltern sich vor ihren Kindern widersprechen oder sich gegenseitig in den Rücken fallen.

Kennen Sie die Schwierigkeiten bei der Umsetzung von Konsequenzen?

- Androhung von Konsequenzen ☐

- Konsequenzen, die in Wut durchgesetzt werden ☐

- Konsequenzen nach Zuspitzung der Situation ☐

- Widersprüchlicher Gebrauch von Konsequenzen ☐

Kommentare:

....

....

....

Überzeugungen und Erwartungen von Eltern

Es gibt Überzeugungen, die wenig hilfreich sind und die Erziehung erschweren können:

- *Es ist nur eine Phase.* Diese Überzeugung kann Eltern davon abhalten, sofort auf ein Problemverhalten zu reagieren. Stattdessen warten Eltern vielleicht, bis sich das Problem verschlimmert und stabilisiert hat, bevor sie Hilfe suchen oder Veränderungen einleiten.
- *Er/sie macht das mit Absicht, nur um mich zu ärgern.* Diese Überzeugung gibt dem Kind die Schuld, kann Eltern ärgerlich machen und zu Überreaktionen führen. Sie kann Eltern außerdem davon abhalten, das eigene Verhalten kritisch zu betrachten und zu überlegen, wie sie selbst zum Problemverhalten beitragen.
- *Es ist meine Schuld, dass er/sie so ist.* Diese Überzeugung gibt den Eltern die Schuld an kindlichem Problemverhalten. Eltern fühlen sich vielleicht schuldig und deprimiert, weil sie sich für das Verhalten ihrer Kinder verantwortlich fühlen. Dies macht es noch schwerer, sich den Kindern gegenüber geduldig, ruhig und konsequent zu verhalten.

Auch bestimmte Erwartungen von Eltern können die Erziehung erschweren. Von Kindern perfektes Verhalten zu erwarten, ist unrealistisch und führt zu Enttäuschungen und Konflikten mit den Kindern. Auch Eltern, die unrealistische Erwartungen an sich selbst haben und unbedingt perfekt sein wollen, beschwören Unzufriedenheit und Frustration herauf.

Trifft das auch auf Sie zu?

- Nicht hilfreiche Überzeugungen ☐
- Unrealistische Erwartungen ☐

Kommentare:

_____

_____

_____

Andere Einflüsse auf die Familie

Es gibt weitere Einflussfaktoren auf das Wohlbefinden von Eltern, die die Erziehung erschweren können. Dazu einige Beispiele:

- **Probleme in der Beziehung der Eltern.** Problemverhalten von Kindern kann auftreten, wenn die Beziehung eines Paares durch viele Spannungen und Konflikte belastet ist. Jungen reagieren vielleicht aggressiv und Mädchen ängstlich oder depressiv, wenn sie viele Auseinandersetzungen oder Streitereien zwischen ihren Eltern miterleben.
- **Emotionen der Eltern.** Gefühle wie Ärger, Niedergeschlagenheit oder Ängstlichkeit können Eltern daran hindern, konsequent und wirkungsvoll auf das Verhalten ihrer Kinder zu reagieren. Wenn ein Elternteil z.B. traurig oder deprimiert ist, kann es vorkommen, dass er sich ungeduldig und gereizt verhält, negative Dinge über seine Kinder denkt, weniger Zeit mit ihnen verbringen möchte und sie weniger stark beaufsichtigt.
- **Stress.** Alle Eltern stehen zeitweise unter Stress, z.B. wenn sie finanzielle oder berufliche Schwierigkeiten haben, wenn Gäste erwartet werden oder ein Umzug geplant ist. Kinder benötigen jedoch einen verlässlichen Tagesablauf. Sie können aus dem seelischen Gleichgewicht geraten, wenn durch Stress die tägliche Familienroutine über einen längeren Zeitraum gestört wird.

Gibt es in Ihrer Familie manchmal Schwierigkeiten mit

- der Beziehung der Eltern untereinander? ☐

- den Gefühlen der Eltern? ☐

- Stress? ☐

Kommentare:

GESELLSCHAFTLICHE EINFLÜSSE

Sobald Kinder mehr Kontakt zu anderen Menschen außerhalb der Familie haben, kann ihr Verhalten auch durch nicht-familiäre, äußere Faktoren beeinflusst werden.

Freunde und Gleichaltrige

Wenn Kinder beginnen, Zeit mit anderen Kindern zu verbringen, werden sie auch durch ihre Beziehung zu ihren Spielkameraden und durch das, was diese tun, beeinflusst. Aggressive und verhaltensauffällige Kinder werden z.B. oft von Gleichaltrigen abgelehnt, haben geringere soziale Fähigkeiten und größere Schwierigkeiten, Freundschaften aufzubauen und zu pflegen. Es ist wahrscheinlich, dass sie sich mit anderen aggressiven Kindern zusammentun werden, wodurch das Problemverhalten aufrechterhalten wird.

Schule

Der Schulerfolg von Kindern kann ihre Anpassung und ihr Verhalten beeinflussen. Kinder können Verhaltensauffälligkeiten entwickeln, wenn die schulischen Anforderungen zu hoch sind, sie keine guten Leistungen erbringen können und ihre Bemühungen selten anerkannt, gelobt oder belohnt werden.

Medien und Technologien

Eltern können nicht alle Einflüsse auf das Verhalten ihrer Kinder kontrollieren. Kinder können Problemverhalten wie Aggressivität oder den Gebrauch von Schimpfwörtern auch erlernen, indem sie Kino- und Fernsehfilme anschauen, Zeitungen oder Comics lesen und Computerspiele spielen.

Über welche gesellschaftlichen Einflüsse auf Ihr Kind machen Sie sich manchmal Sorgen?

- Freunde ☐
- Schule ☐
- Medien und Technologien ☐

Kommentare:

....

....

....

....

Alle Eltern geraten hin und wieder in so genannte Erziehungsfallen und machen Fehler. Sie müssten übernatürliche Fähigkeiten haben, um Ihr Kind ohne zufällige Belohnungen von unerwünschtem Verhalten, ohne Eskalationsfallen oder Inkonsequenzen zu erziehen. Es ist wirklich nicht möglich, Eltern zu sein, ohne auch hin und wieder einen Fehler zu machen. Verhaltensprobleme treten jedoch mit größerer Wahrscheinlichkeit auf, wenn Sie als Eltern sehr häufig in solche „Erziehungsfallen" geraten. Es ist daher viel wichtiger, zu schauen, wie oft diese alltäglichen Problemsituationen auftreten, als sich die Frage zu stellen, ob es überhaupt passiert.

Ziele für Veränderungen

Nachdem Sie sich nun mit möglichen Faktoren, die das Verhalten von Kindern beeinflussen können, beschäftigt haben, sollten Sie darüber nachdenken, welche Verhaltensänderungen Sie bei Ihrem Kind und bei sich selbst erreichen möchten.
Sie als Eltern müssen entscheiden, welche Fertigkeiten Sie bei Ihrem Kind fördern wollen. Denken Sie daran, dass Ihr Kind eine bestimmte Entwicklungsstufe erreicht haben muss, um etwas Neues lernen zu können. Vielleicht hilft es Ihnen, wenn Sie die Fähigkeiten im Auge behalten, die Kindern helfen, selbstständig zu werden und mit anderen zurechtzukommen.

Schauen Sie sich die Liste an und überlegen Sie, welche Fähigkeiten Sie bei Ihrem Kind fördern möchten.

Mit anderen kommunizieren und umgehen können

- Eigene Meinungen, Ideen und Bedürfnisse angemessen ausdrücken
- Um Unterstützung und Hilfe bitten
- Bitten von Erwachsenen befolgen
- Gemeinsam mit anderen Kindern spielen
- Die Gefühle von anderen wahrnehmen
- Erkennen, wie sich das eigene Handeln auf andere Menschen auswirkt

Mit eigenen Gefühlen umgehen

- Gefühle so ausdrücken, dass andere nicht verletzt werden
- Überlegen, bevor man etwas tut, und sein Handeln kontrollieren, um andere nicht zu verletzen
- Positive Gefühle sich selbst und anderen gegenüber entwickeln
- Regeln und Grenzen akzeptieren

Unabhängig werden

- Dinge selbstständig tun
- Sich selbst beschäftigen, ohne ständig von einem Erwachsenen beachtet zu werden
- Verantwortung für das eigene Handeln übernehmen

Problemlösefertigkeiten

- Interesse und Neugier an alltäglichen Dingen zeigen
- Fragen stellen und eigene Ideen entwickeln
- Über Alternativen nachdenken
- Verhandeln und Kompromisse machen
- Entscheidungen treffen und Probleme selbstständig lösen

Kommentare:

....

....

....

....

....

ÜBUNG 5 *Ziele für Veränderungen festlegen*

Als nächstes sollten Sie über Ziele für Veränderungen nachdenken. Es ist wichtig, dass Sie sich zu Beginn des Triple P-Programms Ziele setzen, um darauf hinarbeiten zu können und zu überprüfen, ob Sie Fortschritte machen. Während Sie über Ihre Ziele nachdenken, sollten Sie sich das derzeitige Verhalten Ihres Kindes anschauen. Überlegen Sie, welches Verhalten Sie sich bei Ihrem Kind häufiger wünschen (z.B. freundlich sprechen; selbstständig spielen, ohne ständig beachtet zu werden; tun, um was es gebeten wird; die ganze Nacht im eigenen Bett bleiben). Denken Sie auch darüber nach, welches Verhalten für Sie problematisch ist (z.B. Wutanfälle, aggressive Auseinandersetzungen, Meckerei beim Essen, andere unterbrechen). Es ist außerdem wichtig, darüber nachzudenken, inwiefern Sie Ihr eigenes Verhalten verändern möchten. Nachdem Sie sich vorhin damit beschäftigt haben, wie Ihr Verhalten das Ihres Kindes beeinflussen kann, sollten Sie sich nun einige Ziele für sich selbst setzen. Überlegen Sie, was Sie gern öfter tun möchten (z.B. ruhig bleiben oder klare, direkte Anweisungen geben) und was Sie seltener machen möchten (z.B. Drohungen benutzen, Anweisungen aus einem anderen Raum rufen).

Schreiben Sie hier die Veränderungen auf, die Sie sich für das Verhalten Ihres Kindes und für Ihr eigenes Verhalten wünschen. Achten Sie darauf, dass Ihre Ziele eindeutig formuliert und erreichbar sind.

Ziele für Veränderungen im Verhalten Ihres Kindes:	Ziele für Veränderungen in Ihrem eigenen Verhalten:

Kindliches Verhalten genau beobachten

Damit Sie verfolgen können, ob Sie Ihren Zielen näher kommen, ist es sinnvoll, das Verhalten Ihres Kindes und auch Ihr eigenes Verhalten genau zu beobachten und darüber Buch zu führen. Über kindliches Verhalten Buch zu führen, ist aus verschiedenen Gründen sinnvoll:

- Es gibt Ihnen die Möglichkeit, zu überprüfen, ob das, was Sie über das Verhalten Ihres Kindes denken, auch wirklich den Tatsachen entspricht (z.B. Bekommt Ihr Kind wirklich immer dann einen Wutanfall, wenn Sie den Raum verlassen?).

- Sie können Ihre eigenen Reaktionen auf das Verhalten Ihres Kindes überprüfen und herausfinden, wann und warum das Verhalten auftritt.

- Wenn Sie über kindliches Verhalten Buch führen, können Sie feststellen, ob sich das Verhalten verändert (Verbesserung, Verschlechterung, Gleichartigkeit).

- Es zeigt Ihnen, wann Sie Ihr Ziel erreicht haben.

Es gibt verschiedene Beobachtungsbögen, mit denen Sie das Verhalten Ihres Kindes genau beobachten und darüber Buch führen können.

Verhaltenstagebuch

In einem Verhaltenstagebuch schreiben Sie auf, wann und wo ein Problemverhalten aufgetreten ist, was davor geschah (wodurch es hervorgerufen wurde) und was danach passierte (wie Sie darauf reagierten). Dies wird Ihnen helfen, zu erkennen,

- ob es bestimmte Muster oder Regelmäßigkeiten im Verhalten Ihres Kindes gibt.

- wie häufig das Problem auftritt.

- wie konsequent Sie auf das Verhalten Ihres Kindes reagieren.

- welche risikoreichen Zeiten oder Situationen es gibt.

- was mögliche Auslöser oder Gründe für das Problemverhalten sind.

- ob Ihr Kind möglicherweise zufällige Belohnungen für das Problemverhalten erhält.

BEISPIEL FÜR EIN VERHALTENSTAGEBUCH

Anleitung: Tragen Sie das Problemverhalten ein, wann und wo es aufgetreten und was davor und danach passiert ist.

Problemverhalten: *Wutanfälle*   Tag: *Freitag, 10. Mai*

Problem	Wann und wo trat das Problem auf?	Was passierte vorher?	Was passierte nachher?	Bemerkungen
Weinend auf dem Fußboden gewälzt	*7.30 Uhr Wohnzimmer*	*Sollte sich anziehen*	*Durfte etwas länger fernsehen*	
Mit den Füßen getrampelt, geschrien	*8.00 Uhr Wohnzimmer*	*Fernseher ausgestellt, sollte sich anziehen*	*Ins Zimmer getragen, beim Anziehen geholfen*	*Zu spät losgekommen, ärgerlich gewesen*
Gebrüllt, geschrien, mit den Füßen getrampelt	*10.30 Uhr Supermarkt*	*Ein neues Spielzeug verweigert*	*Nachgegeben und gekauft*	*Peinlich, hätte alles gemacht, damit er aufhört*
Geschmollt, laut geweint	*18.00 Uhr draußen*	*Sollte Spiel beenden und dann zum Essen kommen*	*Klaps auf den Po, ins Zimmer geschickt, kein Essen*	*Schuldgefühle, fernsehen erlaubt, Eis gegeben*

Häufigkeitsbogen

Eine andere Möglichkeit, über das Problemverhalten von Kindern Buch zu führen, besteht darin, festzuhalten, wie häufig es auftritt. Dazu machen Sie einfach jedes Mal im Häufigkeitsbogen einen Haken, wenn Ihr Kind das betreffende Verhalten zeigt.

Benutzen Sie diesen Beobachtungsbogen für Verhaltensweisen, die zehn bis 15 Mal am Tag auftreten. Wählen Sie für Verhaltensweisen, die häufiger auftreten, eine andere Form der Beobachtung.

BEISPIEL FÜR EINEN HÄUFIGKEITSBOGEN

Anleitung: Schreiben Sie den Tag in die erste Spalte, machen Sie dann jedes Mal, wenn das Verhalten an diesem Tag auftritt, einen Haken in der entsprechenden Zeile. Zählen Sie am Ende der Zeile die Häufigkeit des Verhaltens für jeden Tag zusammen.

Problemverhalten: *Fluchen*

Startdatum: *17. Oktober*

Tag	1	2	3	4	5	6	7	8	9	10	11	12	13	14	15	Summe
So	✓	✓	✓	✓	✓	✓	✓	✓	✓							9
Mo	✓	✓	✓	✓	✓	✓	✓	✓	✓	✓	✓					11
Di	✓	✓	✓	✓	✓	✓	✓	✓								8

Zeitdauerprotokoll

Diese Art des Buchführens ist nützlich, um festzuhalten, wie lange ein Verhalten andauert. Zum Beispiel, wie lange ein kleines Kind weint oder wie lange Ihr Kind braucht, um seine Hausaufgaben zu machen oder um sich morgens allein anzuziehen. Stoppen Sie einfach die Zeit, über die das Verhalten andauert, in Sekunden, Minuten oder Stunden und tragen Sie die Zeitdauer in den Bogen ein. Zählen Sie am Ende jeden Tages zusammen, wie viel Zeit das Verhalten insgesamt in Anspruch genommen hat. Unten sehen Sie ein Beispiel.

Benutzen Sie diesen Beobachtungsbogen, wenn Sie wissen möchten, wie lange ein Verhalten dauert. Wählen Sie für Verhalten, das nur kurz auftritt und schnell wieder verschwindet, eine andere Form der Beobachtung.

BEISPIEL FÜR EIN ZEITDAUERPROTOKOLL

Anleitung: Schreiben Sie in die erste Zeile den Tag. Notieren Sie dann in den Spalten für jedes Mal, wenn das Verhalten aufgetreten ist, wie lange es gedauert hat (in Sekunden, Minuten oder Stunden). Zählen Sie am Ende jeden Tages zusammen, wie lange das Verhalten insgesamt aufgetreten ist, und tragen Sie die Summe am Ende der Zeile in die letzte Spalte ein.

Problemverhalten: *Weinen, nachdem das Kind zu Bett gebracht wurde (in Minuten)* Startdatum: *Freitag, 8. Februar*

Tag	Aufeinanderfolgende Episoden (in Minuten)										Gesamt
	1	2	3	4	5	6	7	8	9	10	
Montag	30	20									50 Min.
Dienstag	10	15	12								37 Min.
Mittwoch	5	15	8								28 Min.
Donnerstag	20	10	12	20							62 Min.

Zeitabschnittbogen

Diese Form der Beobachtung eignet sich für Verhalten, das innerhalb einer Stunde mehrfach auftritt, wie zum Beispiel Quengeln, Nörgeln oder Ungehorsam. Am besten suchen Sie sich für die Beobachtung einen Risikozeitraum aus, in dem das Verhalten besonders häufig auftritt. Wählen Sie dazu eine Periode von zwei bis drei Stunden aus, wie zum Beispiel morgens vor der Schule oder abends nach dem Abendessen. Nachdem Sie den Risikozeitraum bestimmt haben, sollten Sie die gewählte Periode in kleinere Abschnitte von 15-30 Minuten einteilen. Wenn Sie mit dem Zeitabschnittbogen Buch führen, machen Sie ein Kreuz in dem jeweiligen Kästchen, sofern das Verhalten in diesem Zeitabschnitt mindestens einmal aufgetreten ist.

Benutzen Sie diese Form der Beobachtung für Verhalten, welches oft auftritt (mehr als zehn oder 15 Mal am Tag), für Verhalten, das schnell auftritt und sofort wieder verschwindet, das in einer kurzen Zeitspanne mehrmals auftritt, oder für Verhalten, das keinen eindeutigen Anfang und kein eindeutiges Ende hat. Benutzen Sie für Verhalten, welches weniger häufig auftritt, eine andere Form der Beobachtung.

BEISPIEL FÜR EINEN ZEITABSCHNITTBOGEN

Anleitung: Machen Sie ein Kreuz für jeden Zeitabschnitt, in dem das Verhalten mindestens einmal aufgetreten ist.

Problemverhalten: *Quengeln*   Startdatum: *5. April*

Tageszeit - 30-Minuten-Intervalle

9.00 – 9.30															
9.30 – 10.00															
10.00 – 10.30															
10.30 – 11.00															
11.00 – 11.30															
11.30 – 12.00															
12.00 – 12.30															
12.30 – 13.00															
13.00 – 13.30															
13.30 – 14.00															
14.00 – 14.30															
14.30 – 15.00															
15.00 – 15.30															
15.30 – 16.00															
16.00 – 16.30		✔	✔	✔	✔										
16.30 – 17.00	✔	✔	✔	✔		✔									
17.00 – 17.30	✔	✔													
17.30 – 18.00	✔	✔	✔	✔		✔	✔								
18.00 – 18.30	✔	✔		✔		✔	✔								
18.30 – 19.00	✔	✔	✔	✔	✔	✔									
Tag	M	D	M	D	F	S	S	M	D	M	D	F	S	S	M
Summe	3	5	5	5	3	4	3								

Verhaltenskurve

Sie können Ihre Beobachtungen auch als Kurve darstellen, um Veränderungen besser verfolgen zu können. Beobachten Sie das Verhalten Ihres Kindes etwa eine Woche lang, bevor Sie eine neue Erziehungsstrategie einführen, und behalten Sie es auch danach weiter im Auge, um zu sehen, ob die neue Methode Erfolg hat. Dies wird Ihnen helfen, Fortschritte im Verhalten Ihres Kindes zu erkennen, und Sie auch weiterhin für den Einsatz neuer Strategien motivieren.

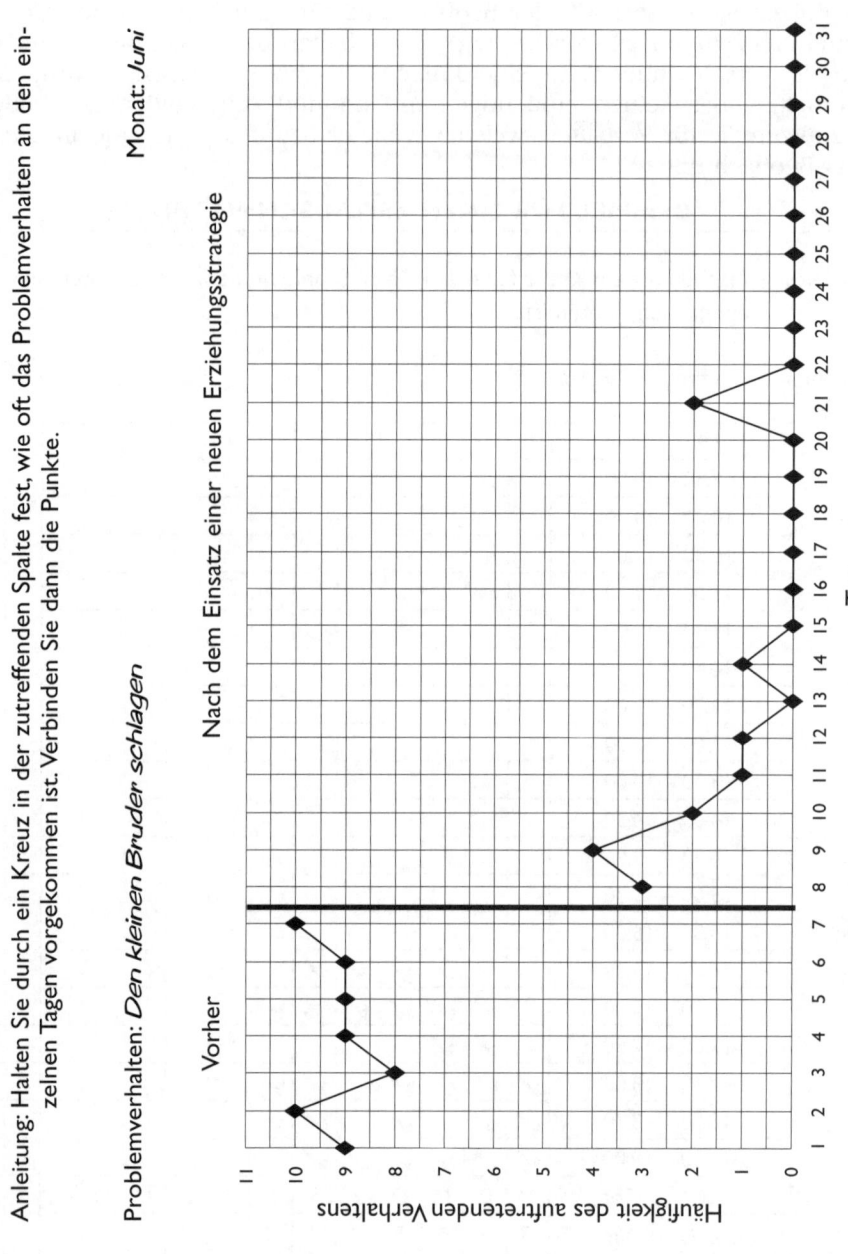

BEISPIEL FÜR EINE VERHALTENSKURVE

Anleitung: Halten Sie durch ein Kreuz in der zutreffenden Spalte fest, wie oft das Problemverhalten an den einzelnen Tagen vorgekommen ist. Verbinden Sie dann die Punkte.

Problemverhalten: *Den kleinen Bruder schlagen*

Monat: *Juni*

Wenn Sie eine neue Erziehungsmethode einsetzen, ist es sinnvoll, sich zunächst einen Zeitraum von sieben bis zehn Tagen vorzunehmen. Nach dieser Zeit können Sie entscheiden, ob Sie weiter fortfahren wollen wie bisher oder ob sie die Strategie geringfügig ändern möchten. Wenn Sie Veränderungen im Verhalten Ihres Kindes und in Ihrem eigenen erreichen wollen, ist es am besten, neue Erziehungsstrategien Schritt für Schritt einzuführen. Sobald die neuen Routinen, Regeln oder Verhaltensweisen gefestigt sind, reicht es, das Verhalten seltener zu beobachten, zum Beispiel nur noch einmal pro Woche. Sie können damit aufhören, das Verhalten aufzuzeichnen, wenn Sie merken, dass Sie gute Fortschritte gemacht haben. Wenn Sie den Eindruck haben, dass Sie keinerlei Fortschritte machen, sollten Sie professionelle Hilfe in Betracht ziehen.

ÜBUNG **6** *Verhalten beobachten und darüber Buch führen*

Schreiben Sie auf, welchen Beobachtungsbogen Sie benutzen könnten, um die folgenden Verhaltensweisen zu beobachten und darüber Buch zu führen. Begründen Sie, warum Sie sich für einen bestimmten Beobachtungsbogen entschieden haben. Oft ist mehr als nur ein einziger Weg möglich.

• Wie oft ein Kind ein anderes beißt.

....

....

• Wie lange ein Kind braucht, um sich zu beruhigen, wenn es ohne die Eltern woanders bleiben soll.

....

....

• Wie oft ein Kind quengelt, besonders abends vor dem Essen.

....

....

• Wie oft ein Kind Dinge kaputtmacht.

....

....

• Wie oft ein Kind Widerworte gibt oder frech ist.

....

....

Zusammenfassung der Woche

In der ersten Woche haben Sie sich mit den Prinzipien der Positiven Erziehung und mit den Faktoren, die das Verhalten von Kindern beeinflussen, beschäftigt. Sie haben darüber nachgedacht, welche Fertigkeiten und Verhaltensweisen Sie bei Ihrem Kind unterstützen und welche Ziele für Veränderungen Sie sich setzen möchten. Zum Schluss wurden Ihnen Möglichkeiten vorgestellt, wie Sie das Verhalten Ihres Kindes beobachten können.

■ PRAKTISCHE ÜBUNGEN

• Entscheiden Sie sich für ein oder zwei problematische Verhaltensweisen Ihres Kindes, über die Sie Buch führen möchten. Behalten Sie diese Verhaltensweisen in den nächsten sieben Tagen im Auge, indem Sie die Beobachtungsbögen der Seiten 26 - 29 benutzen (zusätzliche Beobachtungsbögen finden Sie am Ende des Buches im Abschnitt „Arbeitsblätter"). Tragen Sie nach einer Woche die Ergebnisse in eine Verhaltenskurve ein (vgl. Seite 30).
Notieren Sie nun, welche Verhaltensweisen Sie in der nächsten Woche beobachten möchten und welche Beobachtungsbögen Sie dafür benutzen werden.

■ FREIWILLIGE ZUSATZAUFGABE

Um die Inhalte dieses Kapitels zu wiederholen, können Sie sich die Ausschnitte „Was ist Positive Erziehung?", „Ursachen für kindliches Problemverhalten", „Ziele für Veränderungen" und „kindliches Verhalten beobachten" aus dem Video „Überlebenshilfe für Eltern" ansehen oder sich mit anderen Triple P-Materialien beschäftigen.

Themen der nächsten Woche

In der zweiten Woche werden wir uns mit praktischen Strategien beschäftigen, um

- eine gute Beziehungen zu Kindern zu fördern.
- angemessenes Verhalten zu unterstützen.
- Kindern neue Fertigkeiten und Verhaltensweisen beizubringen.

■ HAUSAUFGABEN *Verhaltensbeobachtung 1*

VERHALTENSTAGEBUCH

Anleitung: Schreiben Sie das Problemverhalten auf, wann und wo es aufgetreten und was davor und danach geschehen ist.

Problemverhalten: _____

Tag: _____

Problem	Wann und wo trat das **Problem** auf?	Was passierte vorher?	Was passierte nachher?	Bemerkungen

Woche 1

HÄUFIGKEITSBOGEN

Anleitung: Beobachten Sie das Auftreten des Verhaltens zwei Wochen lang jeden Tag. Schreiben Sie das Datum des jeweiligen Tages in die erste Spalte und machen Sie jedes Mal ein Kreuz in die folgenden Kästchen, wenn das Verhalten an dem Tag auftritt. Zählen Sie für jeden Tag am Ende der Zeile alle Kreuze zusammen.

Problemverhalten: _____   Zeitraum: _____

Tag	1	2	3	4	5	6	7	8	9	10	11	12	13	14	15	Summe

ZEITDAUERPROTOKOLL

Anleitung: Schreiben Sie in die erste Zeile den Tag. Notieren Sie dann in den Spalten für jedes Mal, wenn das Verhalten aufgetreten ist, wie lange es gedauert hat (in Sekunden, Minuten oder Stunden). Zählen Sie am Ende jeden Tages zusammen, wie lange das Verhalten insgesamt aufgetreten ist, und tragen Sie die Summe am Ende der Zeile in die letzte Spalte ein.

Problemverhalten: _____ Startdatum: _____

Tag	Aufeinanderfolgende Episoden (in Minuten)										Gesamt
	1	2	3	4	5	6	7	8	9	10	

ZEITABSCHNITTBOGEN

Anleitung: Machen Sie ein Kreuz für jeden Zeitabschnitt, in dem das Verhalten mindestens einmal aufgetreten ist.

Problemverhalten: _____   Startdatum: _____

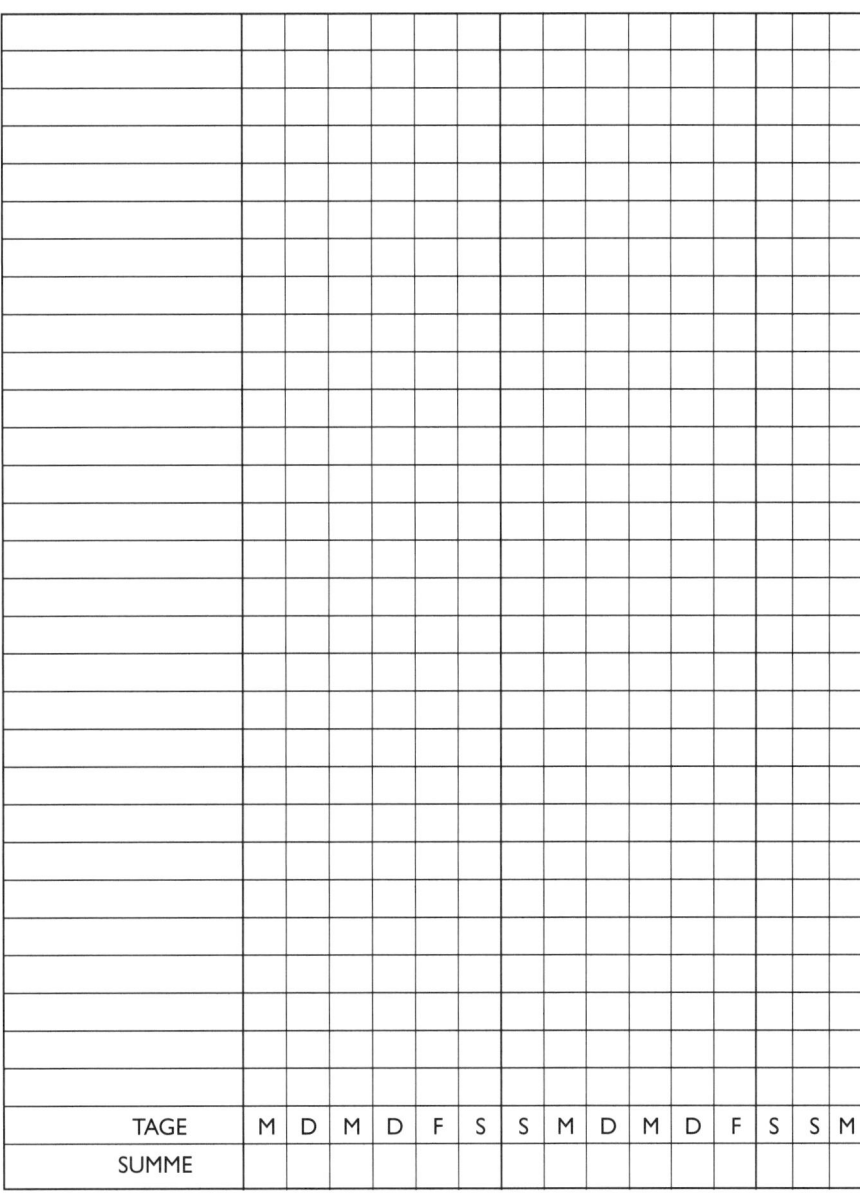

TAGE	M	D	M	D	F	S	S	M	D	M	D	F	S	S	M
SUMME															

Tageszeit - 30-Minuten-Intervalle

VERHALTENSKURVE

Anleitung: Markieren Sie die Häufigkeit, mit der das Problemverhalten an den einzelnen Tagen aufgetreten ist, indem Sie ein Kreuz in die entsprechende Spalte des jeweiligen Tages machen. Verbinden Sie dann die Kreuze miteinander.

Problemverhalten: _____   Monat: _____

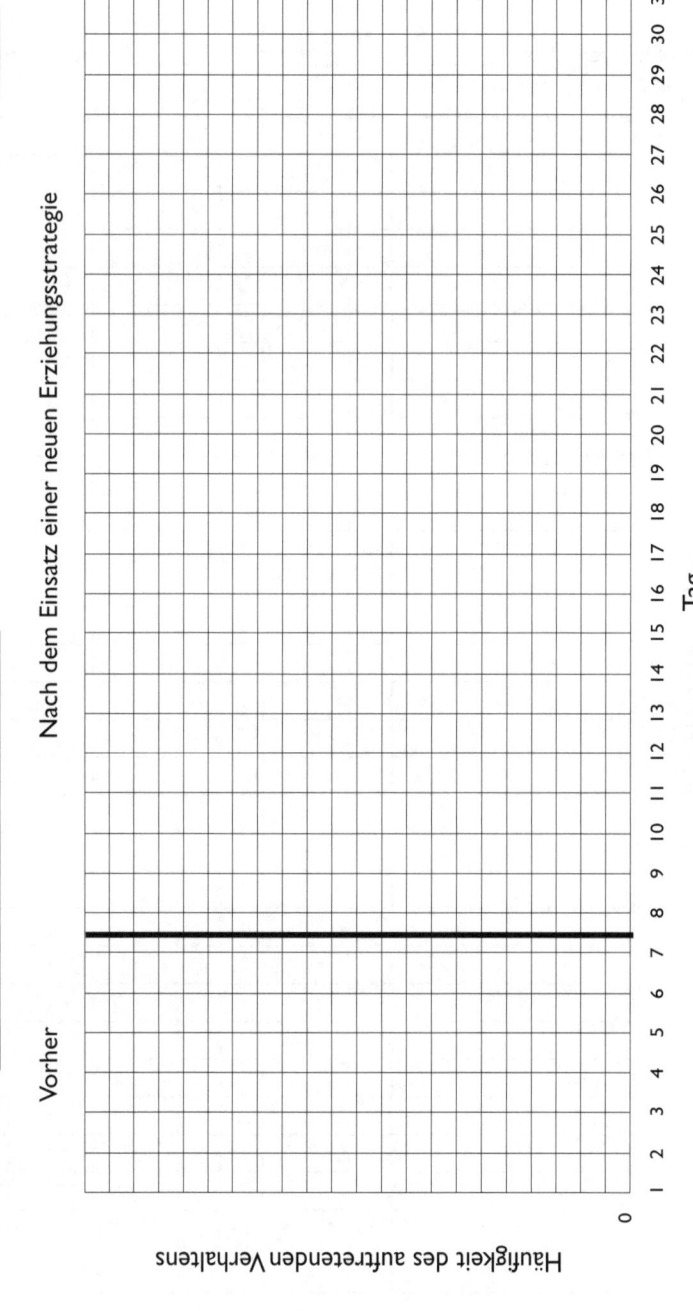

Vorher

Nach dem Einsatz einer neuen Erziehungsstrategie

Häufigkeit des auftretenden Verhaltens

Tag

Förderung der kindlichen Entwicklung

Woche 2

Überblick

Durch Ermutigung und positive Aufmerksamkeit können Sie Ihrem Kind helfen, wichtige Fertigkeiten zu entwickeln und angemessene Verhaltensweisen zu erlernen. Indem Sie Verhaltensweisen, die Ihnen gefallen, positiv verstärken, erhöhen Sie die Wahrscheinlichkeit, dass diese erneut auftreten. In der ersten Sitzung haben Sie sich Ziele gesetzt und entschieden, welche Fertigkeiten und Verhaltensweisen Sie bei Ihrem Kind fördern möchten. In dieser Sitzung werden Sie dazu einige Strategien kennen lernen, die Sie ausprobieren können. Diese Strategien werden Ihnen dabei helfen, Ihr Kind darin zu unterstützen, sich in angemessener Weise zu verhalten. Und zwar indem Sie die Beziehung zu Ihrem Kind verbessern, erwünschtes Verhalten fördern und Ihrem Kind neue Fertigkeiten beibringen. Versuchen Sie während der heutigen Übungen herauszufinden, mit welchen Strategien Sie sich im Umgang mit Ihrem Kind am wohlsten fühlen.

Ziele

Am Ende der zweiten Woche sollten Sie in der Lage sein,
- Strategien einzusetzen, die Ihnen helfen, eine gute Beziehung zu Ihrem Kind zu entwickeln und zu stärken (z. B. wertvolle Zeit, mit Kindern reden, Zuneigung zeigen).
- Strategien einzusetzen, um angemessenes Verhalten zu fördern (z. B. loben, Aufmerksamkeit schenken, für altersangemessene, spannende Aktivitäten sorgen).
- Strategien einzusetzen, mit denen Sie Ihrem Kind neue Fertigkeiten oder Verhaltensweisen beibringen können (z. B. ein gutes Vorbild sein, beiläufiges Lernen und Fragen-Sagen-Tun).
- zwei positive Erziehungsstrategien auszuwählen, die Sie über einen Zeitraum von sieben Tagen üben und beobachten werden.
- eine Punktekarte mit angemessenen Belohnungen für Ihr Kind zu erstellen.

Förderung der kindlichen Entwicklung

Bevor wir uns damit beschäftigen, wie Sie auf Problemverhalten reagieren können, ist es wichtig, sich damit zu beschäftigen, wie Sie die Entwicklung Ihres Kindes fördern und ihm angemessenes Verhalten beibringen können. Viele Verhaltensprobleme lassen sich bereits dadurch lösen, dass man Kindern beibringt, mit schwierigen Situationen besser umzugehen. Während Sie die Übungen bearbeiten, sollten Sie darüber nachdenken, welche Strategien Sie aktuell bei Ihrem Kind einsetzen. Vielleicht wird Ihnen einiges von dem, was in diesem Kapitel vorgestellt wird, bereits bekannt vorkommen, manche Strategien wenden Sie möglicherweise schon an und andere sind dagegen neu für Sie. In dieser Woche haben Sie die Gelegenheit, darüber nachzudenken, wie Ihre Beziehung zu Ihrem Kind im Moment aussieht und was Sie tun, um Ihrem Kind zu zeigen, dass Sie sein Verhalten mögen.

Beachten Sie, dass alle Strategien ihre Grenzen haben und dass keine der Strategien in allen Situationen angewendet werden kann oder isoliert funktioniert. Diese Strategien sind jedoch der Ausgangspunkt, um die Entwicklung Ihres Kindes zu unterstützen und positives Verhalten zu fördern. Sie sind für Situationen gedacht, in denen sich Ihr Kind so verhält, wie Sie es gerne möchten, nicht für Problemverhalten. Mit Strategien zum Umgang mit Problemverhalten und damit, wie man Kindern Selbstkontrolle beibringt, werden wir uns in der dritten Woche beschäftigen.

Eine gute Beziehung zu Kindern entwickeln und stärken

Alle Eltern möchten gerne gut mit ihren Kindern auskommen. Kinder können ihre Fähigkeiten dabei am besten entfalten, wenn sie in einem liebevollen, vorhersagbaren und sicheren familiären Umfeld aufwachsen. Der Aufbau guter Familienbeziehungen braucht allerdings Zeit. Es folgen nun einige Ideen, die Ihnen helfen können, eine gute Beziehung zu Ihrem Kind zu entwickeln und zu stärken. Während Sie die Übungen 1 bis 3 bearbeiten, sollten Sie sich fragen, ob und wenn ja, welche Veränderungen Ihrer Meinung nach notwendig sind, um die Beziehung zu Ihrem Kind zu stärken.

Verbringen Sie wertvolle Zeit mit Ihrem Kind

Empfohlenes Alter: Jedes. Es kann sinnvoller sein, sich regelmäßig für kurze Zeit mit Ihrem Kind zu beschäftigen als weniger häufig, dafür aber für eine längere Zeit. Versuchen Sie, regelmäßig im Laufe des Tages kurze Zeitspannen mit Ihrem Kind zu verbringen, auch wenn es nur ein oder zwei Minuten sind. Wertvolle Zeit mit Ihrem Kind kann zum Beispiel stattfinden, wenn es sich an Sie wendet, um Ihnen etwas zu erzählen, um eine Frage zu stellen oder um Sie in eine Aktivität mit einzubeziehen. Versuchen Sie in solchen Momenten, falls Sie nicht gerade mit wichtigen Dingen beschäftigt sind, Ihre Tätigkeit kurz zu unterbrechen und schenken Sie Ihrem Kind etwas Aufmerksamkeit. Falls Sie gerade beschäftigt sind, sollten Sie versuchen, so bald wie möglich etwas Zeit mit Ihrem Kind einzuplanen.

Wertvolle Zeit kann in jeder Familie anders aussehen. Schreiben Sie einige Ideen auf, wie Sie und Ihr Kind wertvolle Zeit miteinander verbringen können. Denken Sie daran, dass wertvolle Zeit immer eingesetzt werden kann, zum Beispiel, indem Sie Ihrem Kind eine Geschichte vorlesen oder ein Spiel mit ihm spielen. Wertvolle Zeit bedeutet nicht, dass Sie mit Ihrem Kind etwas Besonderes unternehmen müssen, wie zum Beispiel der Besuch eines Erlebnisparks.

Reden Sie mit Ihrem Kind

Empfohlenes Alter: Jedes. Gespräche mit Ihrem Kind helfen ihm beim Sprechenlernen, bei der Entwicklung sozialer Fähigkeiten und beim Erlernen von Gesprächsregeln. Gleichzeitig fördern Sie damit das Selbstwertgefühl des Kindes. Sprechen Sie mit Ihrem Kind über Dinge, für die es sich interessiert. Teilen Sie Ihrem Kind auch eigene Gedanken und Ideen mit und zeigen Sie ihm, dass Sie sich für das interessieren, was es zu sagen hat.

ÜBUNG **2** *Gesprächsthemen*

Schreiben Sie Dinge auf, für die sich Ihr Kind interessiert oder die Sie getan haben und über die Sie reden können.

Zeigen Sie Zuneigung

Empfohlenes Alter: Jedes. Eine andere Möglichkeit, Ihrem Kind zu zeigen, dass Sie sich für es interessieren und es liebhaben, ist, ihm genügend körperliche Zuneigung zu schenken. Streicheln, Schmusen, Umarmen, Küssen, Massieren, Kitzeln oder Toben gibt Kindern das Gefühl, in einer liebevollen Umgebung aufzuwachsen und hilft ihnen zu lernen, sowohl selbst Zuneigung zu zeigen als auch anzunehmen. Gerade in den ersten Lebensjahren hilft körperliche Zuneigung einem Kind, eine feste und sichere Bindung zu seinen Eltern aufzubauen.

ÜBUNG **3** *Möglichkeiten, Zuneigung auszudrücken*

Welche Art von Zuneigung mögen sowohl Sie als auch Ihr Kind?

....

....

....

....

Angemessenes Verhalten fördern

Kinder verhalten sich eher kooperativ und sind leichter zu bändigen, wenn sie für angemessenes Verhalten Unterstützung und positive Aufmerksamkeit erhalten und wenn es für sie viele interessante und anregende Beschäftigungen gibt. Es folgen jetzt einige Ideen, wie Sie Ihr Kind für erwünschtes Verhalten bestärken können. Denken Sie daran, dass sich die Wahrscheinlichkeit, dass das erwünschte Verhalten erneut auftritt, erhöht, wenn Sie Ihr Kind darin bestärken. Während Sie die Übungen 4 bis 6 bearbeiten, sollten Sie sich fragen, ob und welche Veränderungen Ihrer Meinung nach notwendig sind, um bei Ihrem Kind wünschenswertes Verhalten zu fördern.

Loben Sie Ihr Kind

Empfohlenes Alter: Jedes. Alle Kinder werden – genauso wie Erwachsene auch – gerne gelobt. Achten Sie darauf, wann sich Ihr Kind angemessen verhält, und loben Sie es, wenn es etwas tut, das Sie mögen. Lob kann als allgemeine Zustimmung formuliert werden (z.B. *Prima, Katrin!* oder *Klasse, das hast Du gut gemacht.*) oder als genaue Beschreibung dessen, was Ihnen gut gefallen hat (z.B. *Danke, dass du sofort deine Jacke angezogen hast, als ich es dir gesagt habe* oder *Ich freue mich, dass du gleich nach dem Spielen aufgeräumt hast.*). Versuchen Sie dabei, Bemerkungen zu vermeiden, die das Problemverhalten ansprechen.
Sagen Sie also nicht: *Es ist schön, dass ihr beide zur Abwechslung endlich mal friedlich spielt und euch nicht streitet* oder *Danke, dass du mich nicht schon wieder beim Telefonieren gestört hast*, sondern formulieren Sie das Lob stattdessen lieber positiv. Detailliertes Lob ist besser dazu geeignet, ein bestimmtes, von Ihnen gewünschtes Verhalten zu verstärken, als allgemeine Zustimmung. Lob hat den größten Erfolg, wenn Sie es begeistert aussprechen und wenn Sie auch wirklich meinen, was Sie sagen.

Schauen Sie sich Ihre Liste mit Zielen für Dinge an, von denen Sie möchten, dass Ihr Kind sie häufiger tut (siehe Seite 16). Überlegen Sie sich zu diesen Verhaltensweisen lobende Kommentare, die Sie benutzen können, um das entsprechende Verhalten zu fördern. Schreiben Sie diese Kommentare auf und versuchen Sie dabei, so beschreibend und spezifisch wie möglich zu sein.

Schenken Sie Ihrem Kind Aufmerksamkeit

Empfohlenes Alter: Jedes. Es gibt viele Möglichkeiten, Kindern Beachtung zu schenken. Ein Lächeln, ein Zuzwinkern, ein Schulterklopfen oder einfaches Zusehen sind Formen von Aufmerksamkeit, die Kinder genießen. Sie können Aufmerksamkeit einsetzen, um damit Ihr Lob zu unterstützen und Ihrem Kind zu zeigen, wie sehr Ihnen sein Verhalten gefallen hat. Solche Formen der Aufmerksamkeit können Sie außerdem in Situationen einsetzen, in denen Ihr Kind sich angemessen verhält, es aber nicht möglich ist, es zu loben. Zum Beispiel, weil Ihr Kind gerade mit seinen Freunden spielt und es ihm peinlich wäre, von Ihnen gelobt zu werden.

ÜBUNG **5** *Wie können Sie Ihrem Kind Aufmerksamkeit schenken?*

Sammeln Sie Ideen, wie Sie Ihrem Kind Aufmerksamkeit schenken können.

Sorgen Sie für spannende Beschäftigungen

Empfohlenes Alter: Jedes. Sie fördern das selbstständige Spiel Ihrer Kinder, wenn Sie für interessante und spannende Beschäftigungen sorgen. Umgebungen, die sicher sind und in denen es viele interessante Dinge zum Entdecken und Spielen gibt, fördern die Entwicklung Ihres Kindes und sorgen dafür, dass es sich nicht langweilt. Achten Sie darauf, dass Ihr Kind sowohl drinnen als auch draußen genügend Spiel- und Beschäftigungsmöglichkeiten hat. Spielzeug und Aktivitäten müssen nicht teuer sein, um für Kinder interessant zu sein und ihnen Spaß zu machen.

Denken Sie über neue, spannende Beschäftigungen für Ihr Kind nach. Vielleicht bekommen Sie von anderen Eltern einige Anregungen. Möglicherweise können Sie sich auch ein paar Bücher mit Spielideen aus der Bücherei, dem Kindergarten oder der Schule ausleihen. Schreiben Sie jetzt einige Ideen für Beschäftigungen im Haus und im Freien auf.

Spiele und Beschäftigungen im Haus	Spiele und Beschäftigungen für draußen

Wie kann man Kindern neue Fertigkeiten und Verhaltensweisen beibringen?

Der nächste Abschnitt beschäftigt sich mit Ihrer Rolle als Lehrer. Wenn Kinder groß werden, müssen sie viele neue und komplexe Fertigkeiten erlernen, wie zum Beispiel ihre Zähne zu putzen, sich anzuziehen, aufzuräumen oder Probleme zu lösen. Sie als Eltern müssen wissen, wie Sie Ihren Kindern beim Erlernen dieser Fertigkeiten helfen können. Im Folgenden werden dazu einige Vorschläge gemacht. Während Sie die Übungen 7 bis 10 bearbeiten, sollten Sie darüber nachdenken, ob und welche Veränderungen Ihrer Meinung nach notwendig sind, um Ihr Kind dabei zu unterstützen, neue Fertigkeiten und Verhaltensweisen zu lernen.

Ein gutes Vorbild sein

Empfohlenes Alter: Jedes. Wir alle lernen, indem wir anderen zusehen. Um bei Ihrem Kind neue Verhaltensweisen zu fördern, sollten Sie deshalb Ihr Kind dabei zusehen lassen, wie Sie Dinge erledigen. Beschreiben Sie, was Sie gerade tun und lassen Sie Ihr Kind Ihre Handlungen nachahmen. Helfen Sie ihm, wenn nötig, und ermutigen Sie Ihr Kind danach, es noch einmal ohne Ihre Hilfe zu versuchen. Loben Sie Ihr Kind, wenn es Erfolg hat.

Erwarten Sie von Ihrem Kind nicht, dass es sich an die Familienregeln hält, wenn keines der anderen Familienmitglieder dies tut. Sie können beispielsweise nicht erwarten, dass Ihr Kind die Regel *Wir räumen die Sachen an ihren Platz zurück* befolgt, wenn Sie selbst Ihre Dinge ständig herumliegen lassen. Gehen Sie also mit gutem Beispiel voran, um Ihrem Kind zu zeigen, wie es sich verhalten soll.

ÜBUNG **7** *Möglichkeiten ein gutes Vorbild zu sein*

Schauen Sie sich noch einmal Ihre Liste mit Zielen für das Verhalten Ihres Kindes an (auf der Seite 16) und überlegen Sie, ob Sie eine dieser Verhaltensweisen fördern könnten, indem Sie ein gutes Vorbild sind. Schreiben Sie die betreffenden Verhaltensweisen hier auf.

....

....

....

....

Nutzen Sie beiläufiges Lernen

Empfohlenes Alter: 1-12 Jahre. Wenn sich Ihr Kind an Sie wendet, um Hilfe, Informationen oder Aufmerksamkeit zu erhalten, ist es in der Regel motiviert und bereit, etwas zu lernen. Sie haben dann die Möglichkeit, Ihrem Kind etwas Neues beizubringen. Dies nennt man beiläufiges Lernen. Wenn Sie Ihrem Kind einfach nur die Antwort auf seine Frage geben, lernt es dadurch nicht, selbstständig zu denken. Helfen Sie Ihrem Kind daher lieber, die Antwort selbst herauszufinden und schauen Sie, ob Sie ihm noch mehr beibringen können - z.B.: *Welche Farbe, glaubst du, ist das? Richtig, das ist Rot. Was ist sonst noch rot?* Das sollte Spaß machen und interessant sein, beharren Sie also nicht auf einer Weiterführung des Themas. Wenn Ihr Kind die Lust verliert oder die Antwort nicht kennt, sagen Sie sie selbst und warten Sie auf die nächste zufällige Lernmöglichkeit.

2 Woche

Es gibt unterschiedliche Gelegenheiten, Ihrem Kind etwas beizubringen, die häufig auftreten. Überlegen Sie, wie man beiläufiges Lernen in den folgenden Situationen nutzen könnte:

Wenn Ihr Kind Fragen stellt, insbesondere die bekannten „Warum"-Fragen (z. B. *Warum ist der Mond heute nacht rund?*).

_____

_____

_____

Wenn Ihr Kind ein Wort falsch ausspricht (z. B. *Sagetti* statt *Spaghetti*).

_____

_____

_____

Wenn Ihr Kind Ihnen etwas zeigen will (z. B. *Guck Dir mein Bild an!*)

_____

_____

_____

Wenn Ihr Kind etwas nicht allein schafft und Sie um Hilfe bittet (z. B. *Ich kann das Puzzle nicht.*).

_____

_____

_____

Wenden Sie die Methode Fragen-Sagen-Tun an

Empfohlenes Alter: 3-12 Jahre. Die Fragen-Sagen-Tun-Methode hilft Ihrem Kind, komplexe Fertigkeiten zu erlernen wie z.B. das selbstständige Anziehen, Zähne putzen oder sich ein Brot zu machen. Lange und schwierige Aufgaben sollten Sie Ihrem Kind Schritt für Schritt beibringen. Befolgen Sie dabei die folgenden Schritte:

Fragen
Fragen Sie Ihr Kind, was der erste Schritt ist: *Was müssen wir zuerst tun, wenn wir unsere Zähne putzen?*

Sagen
Wenn Ihr Kind die richtige Antwort nicht weiß, sagen Sie ihm mit ruhiger Stimme, was es tun soll: *Als erstes drücken wir Zahnpasta auf unsere Zahnbürste. Zeig mir mal, wie du Zahnpasta auf deine Zahnbürste machst.*

Tun
Helfen Sie Ihrem Kind, wenn es die Handlung nicht alleine ausführt. Öffnen Sie z.B. die Zahnpastatube und legen Sie Ihre Hände über die Ihres Kindes, um sie zu führen. Beenden Sie Ihre Hilfe, sobald die Handlung begonnen hat, und lassen Sie sie von Ihrem Kind selbstständig zu Ende führen.

Loben Sie Mitarbeit und Erfolg Ihres Kindes
Loben Sie Ihr Kind bei jedem Schritt für seine Mitarbeit und für jeglichen Erfolg bei einem der Schritte. Eine gute Möglichkeit, um Ihr Kind zu motivieren, ist zu wiederholen, was es gesagt oder getan hat: *Das ist richtig. Wir drücken etwas Zahnpasta auf unsere Zahnbürste. Ja, sehr schön machst du das.* Wenn Ihr Kind die neue Fertigkeit gelernt hat, können Sie etwas seltener loben.

Wiederholen Sie die Methode Fragen-Sagen-Tun für jeden Schritt
Wiederholen Sie diese Abfolge für jeden Schritt der Aufgabe (z.B. Zahnpasta auf die Bürste tun, Zähne putzen, Zahnbürste auswaschen). Helfen Sie Ihrem Kind jedes Mal, wenn es die neue Fertigkeit wieder übt, etwas weniger.

ÜBUNG 9 *Ideen für den Gebrauch von Fragen-Sagen-Tun*

Wählen Sie eine Verhaltensweise oder Fertigkeit aus, die Ihr Kind lernen soll, selbstständig zu tun, z. B. Schuhe anziehen, zur Toilette gehen oder sich waschen. Wenden Sie Fragen-Sagen-Tun für jeden Schritt dieser Fertigkeit an. Als nächstes folgt ein Beispiel für den ersten Schritt beim An- und Ausziehen. Beginnen Sie dann Fragen-Sagen-Tun für die ersten drei Schritte Ihrer ausgewählten Aufgabe zu üben:

Beispiel: *An- und Ausziehen*

Fragen	*Was tun wir morgens als erstes, wenn wir uns anziehen?*
Sagen	*Das ist richtig, wir ziehen unseren Schlafanzug aus.*
Tun	*Diese Knöpfe sind schwer aufzuknöpfen. Ich werde Dir bei dem ersten Knopf helfen.*

Verhalten oder Fertigkeit: ....

1. Schritt

Fragen	
Sagen	
Tun	

2. Schritt

Fragen	
Sagen	
Tun	

3. Schritt

Fragen	
Sagen	
Tun	

Benutzen Sie eine Punktekarte

Empfohlenes Alter: 2-12 Jahre. Manchmal müssen Kinder besonders motiviert werden, um ein Verhalten zu ändern, eine neue Fertigkeit einzuüben oder ihnen gestellte Aufgaben zu bewältigen. In diesen Fällen ist eine Punktekarte nützlich. Eine Punktekarte ist eine wirkungsvolle kurzfristige Strategie, die für einige Wochen angewendet und dann ausgeschlichen werden kann. Ihr Kind kann sich hierbei Punkte, Sterne, Smilies oder Aufkleber für erwünschtes Verhalten verdienen, die in eine Tabelle geklebt werden (vgl. Abbildung). Dies gibt Ihrem Kind ein Gefühl dafür, was es bereits erreicht hat, und zeigt ihm, dass seine Bemühungen anerkannt werden.

Eine Punktekarte kann noch unterstützt werden, indem bei einer bestimmten Anzahl von Punkten oder Sternen eine besondere Belohnung erfolgt. Sehr gute Belohnungen sind zum Beispiel Aktivitäten wie ein Fahrradausflug mit der ganzen Familie, eine besondere Zeit mit Mama oder Papa verbringen, gemeinsam schwimmen gehen, zusammen einen Kuchen backen oder ein Picknick machen. Belohnungen können auch aus einer kleinen Süßigkeit, einem neuen Buch, einer Zeitschrift oder einem kleinen Spielzeug bestehen. Eine andere Möglichkeit ist, dass sich Ihr Kind in der Videothek ein Video zum Ausleihen aussuchen oder sich ein Abendessen wünschen darf. Sie können die Belohnungen mit Ihrem Kind aushandeln. Fragen Sie Ihr Kind, auf welche Belohnung es gerne hinarbeiten würde - innerhalb eines vernünftigen Rahmens! Im Folgenden finden Sie ein Beispiel für eine Punktekarte, die benutzt wurde, um ein Kind dazu zu bringen, die ganze Nacht im eigenen Bett zu schlafen. Als das Kind das Ziel mit Leichtigkeit erreichte, wurde das Ziel in der nächsten Woche etwas schwieriger und dann nach und nach immer schwieriger gemacht.

Meine Punktekarte: *Die ganze Nacht in meinem eigenen Bett schlafen*

MONTAG	DIENSTAG	MITTWOCH	DONNERSTAG	FREITAG	SAMSTAG	SONNTAG
☺	☺		☺	☺	☺	☺
MONTAG	DIENSTAG	MITTWOCH	DONNERSTAG	FREITAG	SAMSTAG	SONNTAG
☺	☺	☺	☺		☺	☺

Hier sind einige Richtlinien für den Gebrauch einer Punktekarte:

- Bereiten Sie alle Dinge vor, die Sie benötigen. Zeichnen Sie die Tabelle (wie im Beispiel) und besorgen Sie Aufkleber, Stempel, Smilies oder Sterne.
- Beschreiben Sie das Verhalten, für das Sie die Punktekarte anlegen möchten, konkret und positiv, zum Beispiel *Ruhig am Esstisch sitzen bleiben.* anstatt *Den Tisch während des Essens nicht verlassen* oder *Im Wohnzimmer langsam gehen* anstatt *Nicht herumtoben.*
- Entscheiden und erklären Sie Ihrem Kind, wie häufig es sich Punkte oder Aufkleber verdienen kann. Sorgen Sie dabei dafür, dass Ihr Kind Erfolge hat. Ihr Kind sollte es in den ersten Tagen auf jeden Fall schaffen können, Punkte zu verdienen, damit es nicht frustriert wird und die Lust an der ganzen Punktekarte verliert (z.B. *Jedes Mal, wenn du während des Essens die ganze Zeit ruhig sitzen geblieben bist, bekommst du einen Stern* bzw., damit ganz sicher ist, dass Ihr Kind Punkte verdient, *Jedes Mal, wenn du fünf (zehn) Minuten ruhig sitzen geblieben bist...*).
- Legen Sie eine Anzahl von Punkten oder Aufklebern fest, die sich Ihr Kind verdienen muss, bevor es eine Belohnung bekommt. Setzen Sie ihm zunächst ein leichtes Ziel, so dass Ihr Kind wenigstens zwei Tage lang Erfolg hat, bevor das Ziel schwerer zu erreichen wird. Lassen Sie Ihr Kind wiederholen, was das Ziel des Punktesammelns ist, um sicherzugehen, dass es alles verstanden hat.
- Entscheiden und erklären Sie Ihrem Kind, welche Belohnung es für eine bestimmte Anzahl von Punkten bekommt. Einigen Sie sich auf durchführbare Belohnungen - nicht zu teuer und nicht zu schwierig zu organisieren.
- Legen Sie die Konsequenzen für das Nichtbefolgen einer Regel oder für das Nichterreichen des Zieles fest und erklären Sie sie Ihrem Kind (siehe nächstes Kapitel „Umgang mit Problemverhalten").
- Loben Sie Ihr Kind jedes Mal, wenn es sich einen Punkt verdient hat.
- Geben Sie Ihrem Kind die Belohnung, wenn es das festgelegte Ziel erreicht hat. Erreicht es das Ziel nicht, geben Sie ihm keine Belohnung, aber kritisieren Sie Ihr Kind auch nicht und nehmen Sie ihm keine Punkte wieder weg, die es sich bereits verdient hat!
- Wenn Ihr Kind das Ziel jeden Tag erreicht, können Sie beginnen, die Belohnungen ausklingen zu lassen, indem Sie das Ziel schwieriger machen. Geben Sie die Belohnung zum Beispiel nur noch jeden zweiten Tag und dann nur noch am Ende der Woche. Wenn Ihr Kind für eine wöchentliche Belohnung Punkte sammelt, kann die Belohnung zum Beispiel ein Familienereignis sein, auf das sich Ihr Kind freuen kann. Besondere Aktivitäten, die nicht jeden Tag möglich sind, können eine zusätzliche Motivation für Ihr Kind sein.
- Beginnen Sie damit, die Punktekarte langsam auszuschleichen und machen Sie Belohnungen weniger vorhersehbar, indem Sie sie nur noch von Zeit zu Zeit geben. Loben Sie Ihr Kind jedoch weiterhin für angemessenes Verhalten.

Woche 2

Schreiben Sie das Verhalten Ihres Kindes auf, für das Sie eine Punktekarte benutzen möchten. Versichern Sie sich, dass der Satz, den Sie aufschreiben, positiv formuliert ist. Das Verhalten könnte z. B. heißen *Tun, was Mama oder Papa sagen* anstelle von *Nicht ungehorsam sein* oder *Freundlich sprechen* statt *Nicht schreien* oder *Teilen* und nicht *Nicht um das Spielzeug streiten*. Für Ihr Kind muss klar sein, welches Verhalten genau Sie von ihm erwarten.

_____

_____

_____

_____

Überlegen Sie sich, was Ihr Kind bekommen soll, wenn es sich wie erwartet verhält (z. B. Sticker, Stempel, Sterne, Smilies), und wie viele es davon „sammeln" muss, um eine Belohnung zu bekommen. Denken Sie daran, dass das Ziel anfangs leicht erreichbar sein muss, damit Ihr Kind schnell für seine Anstrengungen belohnt wird. Später können Sie das Ziel allmählich schwieriger machen. Ihr Kind sollte sich möglichst schon am ersten Tag eine Belohnung erarbeiten können.

_____

_____

_____

_____

Beschreiben Sie hier die Belohnungen, die sich Ihr Kind „verdienen" kann, wenn es eine bestimmte Anzahl von Punkten gesammelt hat. Suchen Sie Belohnungen aus, die Ihrem Kind Spaß machen. Es ist gut, mögliche Belohnungen mit Ihrem Kind zu besprechen und ihm eine (angemessene) Wahl zu lassen.

_____

_____

_____

_____

_____

Nach der nächsten Sitzung sollten Sie entscheiden, welche Konsequenzen Sie anwenden können, wenn Ihr Kind das Ziel nicht erreicht bzw. eine „Regel bricht". Genaueres dazu wird in Sitzung 3 besprochen.

> Machen Sie hier eine Liste mit allem, was Sie für das Einführen einer Punktekarte brauchen und ggf. besorgen müssen (z. B. Sticker, Belohnungen).

Abschluss

Zusammenfassung der Sitzung

In der heutigen Sitzung wurden zehn positive Erziehungsstrategien eingeführt. Diese waren:

- Wertvolle Zeit mit Ihrem Kind verbringen
- Mit Ihrem Kind reden
- Zuneigung zeigen
- Ihr Kind loben
- Ihrem Kind Aufmerksamkeit schenken
- Für spannende Aktivitäten sorgen
- Ein gutes Vorbild sein
- Beiläufiges Lernen
- Fragen-Sagen-Tun
- Der Gebrauch einer Punktekarte

■ Praktische Übung

- Wählen Sie zwei Strategien aus, die Sie bei Ihrem Kind in der nächsten Woche ausprobieren möchten. Setzen Sie sich spezifische Ziele, wie zum Beispiel *Ich werde fünfmal am Tag beschreibend loben* oder *Ich werde die Methode Fragen-Sagen-Tun jeden Abend einsetzen, um meinem Kind das Zähneputzen beizubringen.* Notieren Sie, wie es geklappt hat und verwenden Sie dazu die Checkliste auf der Seite 45. Tragen Sie für jeden Tag ein, ob Sie Ihr Ziel erreicht haben (Ja) oder nicht (Nein). Sie finden dort auch Platz, um Bemerkungen zu notieren (z.B. *Thomas fand es toll, gelobt zu werden* oder *Ich hatte heute einfach keine Kraft, Zeit mit den Kindern zu verbringen.*). Eine weitere Kopie der Checkliste finden Sie am Ende des Buches im Abschnitt „Arbeitsblätter". Notieren Sie jetzt die beiden Strategien, die Sie innerhalb der nächsten sieben Tage ausprobieren möchten.

  _____

  _____

  _____

  _____

- Besprechen Sie mit Ihrem Kind mögliche Belohnungen für den Gebrauch der Punktekarte. Sie können diese Belohnungen auf der Seite 42 aufschreiben.

- Besorgen Sie das nötige Material und bereiten Sie die Punktekarte vor, aber setzen Sie sie noch nicht ein. Sie sollten die Punktekarte erst verwenden, wenn Sie mögliche Konsequenzen für Problemverhalten erarbeitet haben. Das Thema „Umgang mit Problemverhalten" ist Thema des nächsten Kapitels (siehe Woche 3). Sie werden dann mehr Informationen erhalten.

- Beobachten Sie weiter das Verhalten Ihres Kindes und tragen Sie Ihre Daten in die Verhaltenskurve ein. Wenn Sie die Strategien einsetzen, die Sie in dieser Woche kennen gelernt haben, achten Sie auf Veränderungen im Verhalten Ihres Kindes.

■ Freiwillige Zusatzaufgabe

Um die Inhalte dieses Kapitels zu wiederholen, können Sie sich den Ausschnitt „Förderung der kindlichen Entwicklung" aus dem Video „Überlebenshilfe für Eltern" ansehen oder sich mit anderen Triple P-Materialien beschäftigen.

Themen der nächsten Woche

In der dritten Woche geht es um praktische Strategien für den Umgang mit Problemverhalten und um Möglichkeiten, Kindern zu helfen, Selbstkontrolle zu erlernen.

CHECKLISTE „FÖRDERUNG DER KINDLICHEN ENTWICKLUNG"

Anleitung: Wählen Sie zwei der Strategien aus, die in der zweiten Sitzung besprochen wurden und die Sie in der nächsten Woche zu Hause ausprobieren wollen. Machen Sie Ihr Ziel so konkret wie möglich (ein Ziel könnte zum Beispiel sein, Ihr Kind mindestens fünfmal am Tag beschreibend zu loben). Benutzen Sie die Tabelle, um festzuhalten, ob Sie Ihre Ziele jeden Tag erreicht haben. Schreiben Sie auf, was gut läuft und ob es Probleme gibt.

1. ZIEL:

....

....

2. ZIEL:

....

....

Tag	1. Ziel: Ja/Nein	2. Ziel: Ja/Nein	Bemerkungen
1			
2			
3			
4			
5			
6			
7			

Umgang mit Problemverhalten

Überblick

Alle Kinder müssen lernen, Grenzen zu akzeptieren und mit ihrer Enttäuschung umzugehen, wenn sie nicht ihren Willen bekommen. Der Umgang mit diesen Situationen kann für Eltern eine Herausforderung sein, aber es gibt positive und effektive Wege, wie man Kindern helfen kann, Selbstkontrolle zu erlernen. Kinder lernen Selbstkontrolle, wenn ihre Eltern auf Problemverhalten mit Konsequenzen reagieren, und zwar unmittelbar, konstant und entschieden. In diesem Kapitel werden verschiedene Möglichkeiten des Umgangs mit kindlichem Problemverhalten aufgezeigt. Betrachten Sie jede als eine Möglichkeit, die Sie in Ihrer Familie einsetzen können. Vielleicht wollen Sie einige der Strategien bei Ihrem Kind ausprobieren.

Ziele

Am Ende der dritten Woche sollten Sie in der Lage sein,
- angemessene Familienregeln aufzustellen und diese mit Ihrer Familie zu besprechen.
- direktes Ansprechen und absichtliches Ignorieren zu nutzen, um mit leichtem Problemverhalten umzugehen.
- Ihrem Kind klare, ruhige Anweisungen zu geben.
- Ihre Anweisungen mit logischen Konsequenzen, der stillen Zeit oder der Auszeit zu untermauern.
- eine Punktekarte in die Praxis umzusetzen.

Umgang mit Problemverhalten

In diesem Kapitel werden Ihnen einige Strategien vorgestellt, mit denen Sie Kindern helfen können, Grenzen zu akzeptieren und mit Enttäuschung umzugehen. Einige der vorgestellten Strategien werden Ihnen sicher bekannt sein oder Sie wenden sie sogar schon an. Andere sind dagegen vielleicht neu für Sie. Nutzen Sie die Gelegenheit, um über Ihre eigenen Erziehungsstrategien nachzudenken und um sie noch weiter auszubauen. Stellen Sie sich dabei bitte die folgenden Fragen: *Verfüge ich über Strategien zum Umgang mit Problemverhalten? Habe ich Möglichkeiten, mich durchzusetzen, wenn der erste Versuch nicht zum Erfolg führt? Wie effektiv sind meine Erziehungsstrategien? Lernt mein Kind dabei, welches Verhalten von ihm erwartet wird?* Denken Sie bei jeder Strategie darüber nach, wie und an welcher Stelle sie in Ihrer Familie angewandt werden könnte.

Es ist wichtig zu bedenken, dass alle Strategien ihre Grenzen haben und keine Strategie allein in allen Situationen funktionieren wird. Manchmal muss man mehrere Strategien kombinieren. Damit die folgenden Strategien zum Umgang mit Problemverhalten überhaupt erfolgreich sind, müssen sie in Verbindung mit den positiven Strategien der letzten Woche angewandt werden.

Stellen Sie klare Familienregeln auf

Empfohlenes Alter: 3-12 Jahre. Kinder brauchen Grenzen, um zu wissen, was von ihnen erwartet wird und wie sie sich verhalten sollen. Einige wenige Familienregeln (vier oder fünf) können dabei helfen. Solche Regeln sollten besagen, was Kinder tun sollen, und nicht, was sie nicht tun sollen. Zum Beispiel sind *Wir gehen im Haus, Wir sprechen mit ruhiger Stimme, Wir vertragen uns* bessere Regeln als *Nicht rennen!, Nicht schreien!, Nicht streiten!*. Regeln wirken am besten, wenn sie gerecht und leicht zu befolgen sind und wenn bei Regelverletzungen eine Konsequenz folgt.

Versuchen Sie, Ihr Kind bei der Entscheidung über die Familienregeln mit einzubeziehen. Sie könnten ein Familientreffen einberufen und gemeinsam entscheiden welche Regeln Sie einführen möchten. Bitte beachten Sie dabei folgende **„Regeln für Regeln":**

- Einige wenige sind genug.

- Regeln sollten fair (nachvollziehbar) sein.

- Regeln sollten leicht zu befolgen sein.

- Regeln sollten durchsetzbar sein.

- Regeln sollten positiv formuliert sein.

ÜBUNG **1** *Familienregeln aufstellen*

Schreiben Sie hier vier oder fünf Regeln auf, die Sie in Ihrer Familie einführen möchten.

Reagieren Sie mit direktem Ansprechen auf Regelverstösse

Empfohlenes Alter: 3-12 Jahre. Direktes Ansprechen eignet sich am besten, wenn ein Kind ab und zu eine der Grundregeln zu Hause vergisst. Gewinnen Sie die Aufmerksamkeit Ihres Kindes und sagen Sie ihm, was das Problem ist. Erklären Sie ihm kurz, warum es ein Problem ist und lassen Sie Ihr Kind selbst das angemessene Verhalten nennen oder sagen Sie es ihm. Das richtige Verhalten kann dann geübt werden.

Zum Beispiel: *Jan, du rennst im Haus und könntest dabei etwas kaputtmachen. Wie heißt unsere Regel darüber, wie wir uns im Haus bewegen? ... Okay, jetzt zeig mir mal, wie man sich richtig im Haus bewegt. Gehe zurück zur Tür und komme noch einmal herein.*

Um die Wirkung des direkten Ansprechens noch zu erhöhen, können Sie, besonders bei kleinen Kindern, das richtige Verhalten auch zweimal wiederholen lassen. Was Sie tun können, wenn Ihr Kind Ihre Anweisung nicht befolgt, werden Sie in den nächsten Abschnitten erfahren (vgl. Seite 53 ff.).

ÜBUNG **2** *Ideen für direktes Ansprechen*

Denken Sie an eine Regel, die in Ihrer Familie oft gebrochen wird, oder stellen Sie sich vor, dass Ihr Kind gerade eine der neuen Regeln gebrochen hat. Schreiben Sie auf, was Sie auf jeder Stufe des direkten Ansprechens sagen könnten, um Ihrem Kind das richtige Verhalten beizubringen.

Situation:

Gewinnen Sie die Aufmerksamkeit Ihres Kindes.

Beschreiben Sie das Problem einfach und mit ruhiger Stimme.

Erklären Sie kurz, warum das Verhalten ein Problem ist.

....

....

Beschreiben Sie das richtige Verhalten oder fragen Sie Ihr Kind danach.

....

....

Bitten Sie Ihr Kind, das richtige Verhalten zu üben.

....

....

Loben Sie Ihr Kind für das richtige Verhalten.

....

....

Setzen Sie bei leichtem Problemverhalten absichtliches Ignorieren ein

Empfohlenes Alter: 1-7 Jahre. Absichtliches Ignorieren bedeutet, das Kind bewusst nicht zu beachten, wenn es ein geringfügiges Problemverhalten zeigt. Zu geringfügigem Problemverhalten gehört zum Beispiel Jammern, mit alberner Stimme sprechen oder Schimpfwörter benutzen. Wenn Sie ein Verhalten ignorieren, sollten Sie Ihr Kind dabei nicht anschauen oder mit ihm sprechen. Wenn Sie sein Verhalten ignorieren, kann es sein, dass Ihr Kind zunächst ziemlich laut wird, um Ihre Aufmerksamkeit zu erringen. Es kann erforderlich sein, sich dann umzudrehen und wegzugehen. Versuchen Sie, ruhig zu bleiben, und achten Sie auf eine neutrale Körpersprache. Atmen Sie wenn nötig ein paar Mal langsam und tief durch, dies kann Ihnen helfen, ruhig zu bleiben. Ignorieren Sie Ihr Kind so lange, wie das Problemverhalten andauert. Sobald es damit aufhört und sich angemessen verhält, sollten Sie es dafür loben. Schwerwiegenderes Problemverhalten sollten Sie dagegen nicht ignorieren. Wenn Ihr Kind z.B. jemandem wehtut oder etwas kaputtmacht, sollten Sie sofort und entschieden reagieren (siehe Übungen 4-7).

Für welche geringfügigen Problemverhaltensweisen könnten Sie absichtliches Ignorieren einsetzen?

_____

_____

_____

Wann sollten Sie aufhören, ein Verhalten zu ignorieren?

_____

_____

_____

Was würde Sie davon abhalten, absichtliches Ignorieren anzuwenden?

_____

_____

_____

Woche 3

Geben Sie klare, ruhige Anweisungen

Empfohlenes Alter: 2-12 Jahre. Es ist wichtig, Kindern mit ruhiger Stimme klare und direkte Anweisungen zu geben. Wenn Sie möchten, dass Ihr Kind etwas bestimmtes tut, dann seien Sie bereit, Ihre Aufforderung mit einer Konsequenz zu untermauern. Natürlich ist es nicht sinnvoll, in jeder Situation auf unmittelbaren Gehorsam zu bestehen. Wenn Sie möchten, dass Ihr Kind mit einer neuen Handlung oder Tätigkeit beginnt, lassen Sie es, wenn möglich, seine Beschäftigung zunächst beenden oder warten Sie bis es eine Pause macht, bevor Sie Ihre Anweisung geben (Start-Situation). Reagieren Sie jedoch sofort mit einer Konsequenz, wenn ein Problemverhalten auftritt (Stopp-Situation). Wenn Sie möchten, dass Ihr Kind etwas tut, gehen Sie folgendermaßen vor:

Gehen Sie zu Ihrem Kind und gewinnen Sie seine Aufmerksamkeit
Unterbrechen Sie Ihre Tätigkeit und gehen Sie bis auf Armeslänge an Ihr Kind heran. Beugen Sie sich bis auf Augenhöhe zu ihm herunter und sprechen Sie Ihr Kind mit Namen an, um seine Aufmerksamkeit zu erlangen.

Sagen Sie Ihrem Kind, was es tun soll
Sagen Sie Ihrem Kind genau, was es tun soll: *Anna, es ist Zeit zum Abendessen. Setz dich bitte an den Tisch.* Wenn Sie möchten, dass Ihr Kind mit etwas aufhört, achten Sie darauf, dass Sie ihm sagen, was es stattdessen tun soll: *Tim, hör auf herumzuzappeln. Nimm dein Besteck in die Hand und fange an, zu essen.*

Lassen Sie Ihrem Kind Zeit, um zu tun, was ihm gesagt wurde

Warten Sie einen kurzen Augenblick, um Ihrem Kind Zeit zu geben, Ihre Anweisung zu befolgen. Etwa fünf Sekunden sind genug. Bleiben Sie in der Nähe und beobachten Sie Ihr Kind.

Loben Sie Ihr Kind dafür, dass es tut, was Sie ihm gesagt haben

Loben Sie Ihr Kind, wenn es tut, wozu Sie es aufgefordert haben: *Toll Max, dass Du sofort gemacht hast, was ich gesagt habe!*

Wiederholen Sie Ihre Anweisung, wenn Ihr Kind mit etwas beginnen soll

Wenn Sie Ihr Kind aufgefordert haben, mit einer neuen Tätigkeit zu beginnen (z.B. sich zum Schlafengehen fertig zu machen) und Ihr Kind innerhalb von fünf Sekunden nicht reagiert hat, sollten Sie Ihre Anweisung noch einmal wiederholen. Wenn Sie Ihr Kind aber gebeten haben, mit etwas aufzuhören (z.B. mit einem Problemverhalten), sollten Sie Ihre Anweisung nicht wiederholen, sondern sofort mit einer Konsequenz reagieren.

Untermauern Sie Ihre Anweisung mit einer Konsequenz

Wenn Ihr Kind nicht tut, worum Sie es gebeten haben, lassen Sie eine Konsequenz folgen (siehe Übungen 5, 6 und 7).

ÜBUNG **4** *Ideen für klare, ruhige Anweisungen*

Schreiben Sie einige Beispiele für klare, ruhige Anweisungen auf, die Sie in den folgenden Situationen benutzen könnten. Geben Sie auch an, wie oft Sie diese Anweisung geben würden.

Es ist Zeit zum Abendessen.

Ein kleines Kind springt auf dem Sofa herum.

Die Spielsachen sind auf dem Boden verstreut.

Ihr Kind unterbricht Sie, während Sie telefonieren.

....

....

....

....

Es ist Zeit, sich für den Heimweg fertigzumachen.

....

....

....

....

Untermauern Sie Ihre Anweisungen mit logischen Konsequenzen

Empfohlenes Alter: 2-12 Jahre. Logische Konsequenzen sind am besten für geringfügiges und eher seltenes Problemverhalten geeignet. Wenn Ihr Kind eine Regel oder eine eindeutige Anweisung nicht beachtet, sollten Sie eine Konsequenz wählen, die der Situation angemessen ist. Unterbrechen Sie, wenn möglich, die Tätigkeit Ihres Kindes oder entfernen Sie das Spielzeug, in dessen Zusammenhang das Problem aufgetreten ist. Logische Konsequenzen sind am effektivsten, wenn sie kurz sind, fünf bis 30 Minuten sind normalerweise lang genug. Gehen Sie folgendermaßen vor, wenn ein Problem auftritt:

Unterbrechen Sie die Tätigkeit Ihres Kindes

Diskutieren oder streiten Sie nicht mit Ihrem Kind über Ihre Entscheidung. Reagieren Sie, sobald das Problem auftritt, also sofort, nachdem Ihr Kind eine Anweisung nicht befolgt hat. Erklären Sie kurz, warum Sie das Spielzeug entfernen oder die Aktivität unterbrechen: *Du lässt deinen Bruder nicht mitspielen, deshalb packe ich das Puzzle jetzt für fünf Minuten weg* oder *Du weigerst dich, deinen Fahrradhelm aufzusetzen, also musst du dein Fahrrad für eine halbe Stunde wegstellen* oder *Ihr streitet euch immer noch über das Fernsehprogramm, deshalb bleibt der Fernseher jetzt für zehn Minuten aus* oder *Weil du mit Sand wirfst, gehst du jetzt fünf Minuten nicht mehr in die Sandkiste.*

Lassen Sie Ihr Kind danach seine Beschäftigung fortsetzen

Achten Sie darauf, dass Sie sich an die Vereinbarung halten. Stellen Sie, sobald die Zeit vorüber ist, die Aktivität erneut zur Verfügung. Nur so kann Ihr Kind angemessenes Verhalten üben. Versuchen Sie zu vermeiden, dass dasselbe Problem noch einmal auftritt, indem Sie Ihrem Kind bei der Problemlösung helfen, zum Beispiel indem Sie gemeinsam besprechen, wer beim Spielen zuerst an der Reihe ist.

Setzen Sie, wenn nötig, andere Konsequenzen ein

Wenn das Problemverhalten erneut auftritt, nachdem Sie Ihrem Kind die Aktivität wieder zur Verfügung gestellt haben, sollten Sie sie für eine längere Zeitspanne entfernen, etwa den Rest des Tages, oder wenden Sie die stille Zeit an (siehe Seite 54).

Überlegen Sie sich logische Konsequenzen für die folgenden Situationen und schreiben Sie auf, was Sie genau zu Ihrem Kind sagen würden.

Ihr Kind spielt während des Essens mit seinem Getränk.

Ihr Kind geht unachtsam mit einem Spielzeug um.

Ihr Kind läuft während des Spaziergangs zu weit weg.

Ihr Kind klettert gefährlich auf der Rutsche herum.

Ihr Kind bemalt die Tapete.

Benutzen Sie die stille Zeit, um mit Problemverhalten umzugehen

Empfohlenes Alter: 18 Monate - 10 Jahre. Die stille Zeit ist eine kurze, milde und wirksame Möglichkeit, um Kindern zu helfen, angemessenes Verhalten zu erlernen (vormals bekannt als Stiller Stuhl). Benutzen Sie die stille Zeit, wenn Ihr Kind nicht tut, worum Sie es gebeten haben. Stille Zeit bedeutet, dass Ihr Kind seine Beschäftigung, bei der das Problemverhalten aufgetreten ist, unterbrechen und sich für kurze Zeit außerhalb des Geschehens ruhig aufhalten soll. Schenken Sie Ihrem Kind während der stillen Zeit keine Aufmerksamkeit. Während dieser Zeit sollten Kinder ruhig sein, nicht reden und keine Beachtung einfordern. Wenn Ihr Kind während der festgesetzten Zeit ruhig war, kann es mit seiner Beschäftigung weitermachen.

Die stille Zeit können Sie normalerweise dort anwenden, wo das Problem aufgetreten ist. Jüngere Kinder können auch in einem Gitterbett oder Laufstall die stille Zeit verbringen, ältere Kinder können dabei auf dem Boden oder auf einem Stuhl sitzen. Bei der stillen Zeit sind kurze Zeiten wirkungsvoller als längere. Sie sollten bei zweijährigen Kindern eine Minute, bei drei- bis fünfjährigen Kindern zwei Minuten sowie bei fünf- bis zehnjährigen Kindern fünf Minuten nicht überschreiten.

Es ist wichtig, dass Ihr Kind weiß, was die stille Zeit bedeutet, bevor Sie sie anwenden. Setzen Sie sich in einer ruhigen Minute mit Ihrem Kind zusammen, erklären Sie ihm, welches konkrete Verhalten die stille Zeit zur Folge haben wird und gehen Sie mit ihm den Ablauf der stillen Zeit durch. Erklären Sie ihm die Regeln der stillen Zeit. Vergewissern Sie sich, dass Ihr Kind verstanden hat, dass es sich eine festgelegte Zeit ruhig verhalten muss, bevor es mit seiner Beschäftigung weitermachen darf.

Halten Sie sich an die folgenden Schritte, sobald ein Problemverhalten auftritt:

Sagen Sie Ihrem Kind, was es tun soll

Reagieren Sie sofort, wenn Sie sehen, dass ein Problemverhalten auftritt. Gehen Sie in die Nähe Ihres Kindes, versuchen Sie, seine Aufmerksamkeit zu erlangen, und sagen ihm dann, womit es aufhören, und was es stattdessen tun soll: *Daniel, hör auf, deine Schwester anzuschreien. Sprich ruhig mit ihr.* Loben Sie Ihr Kind, wenn es tut, was Sie ihm gesagt haben.

Untermauern Sie Ihre Anweisung mit der stillen Zeit

Wenn das Problemverhalten weiter anhält oder innerhalb der nächsten Stunde erneut auftritt, sagen Sie Ihrem Kind, was es falsch gemacht hat: *Du hast nicht aufgehört zu schreien,* und nennen Sie ihm die Konsequenz: *Geh jetzt eine Minute in die stille Zeit.* Sprechen Sie ruhig und bestimmt. Bringen Sie Ihr Kind, wenn nötig, in die stille Zeit, am Rande des Geschehens. Ignorieren Sie jeglichen Protest. Halten Sie keinen Vortrag und streiten oder schimpfen Sie nicht mit Ihrem Kind.

Erinnern Sie Ihr Kind an die Regeln

Während Sie Ihr Kind in die stille Zeit bringen, erinnern Sie es daran, dass es mit seiner Beschäftigung fortfahren darf, sobald es die festgelegte Zeit ruhig geblieben ist. Wenn Ihr Kind während der stillen Zeit nicht ruhig ist, bringen Sie es nach 10 Sekunden in die Auszeit (siehe Seite 57).

Was passiert nach der stillen Zeit?

Sprechen Sie den Vorfall nach der stillen Zeit nicht mehr an. Helfen Sie Ihrem Kind, eine Beschäftigung zu finden. Achten Sie auf angemessenes Verhalten und loben Sie Ihr Kind nach der stillen Zeit sobald wie möglich dafür. Wenden Sie die stille Zeit erneut an, wenn sich das Problemverhalten wiederholt.

Welcher Platz im Haus eignet sich gut für die stille Zeit?

Was können Sie zu Ihrem Kind sagen, wenn Sie es in die stille Zeit bringen?

Wie lange soll Ihr Kind während der stillen Zeit ruhig sein?

Wann sprechen Sie wieder mit Ihrem Kind?

Was sagen sie zu Ihrem Kind, wenn die stille Zeit vorüber ist?

Was können Sie tun, wenn Ihr Kind nicht innerhalb von 10 Sekunden ruhig ist oder ruhig sitzen bleibt?

Benutzen Sie die Auszeit, um auf schwerwiegendes Problemverhalten zu reagieren

Empfohlenes Alter: 2-10 Jahre. Richtig eingesetzt, ist die Auszeit ein sehr wirksamer Weg, um Kindern zu helfen, Selbstkontrolle und angemessenes Verhalten zu erlernen. Die Auszeit verhindert außerdem, dass Eltern beim Umgang mit Problemverhalten die Kontrolle verlieren und ihr Kind anschreien, bedrohen oder schlagen. Die Auszeit ermöglicht den Eltern, beim Umgang mit ernstem Problemverhalten ruhig zu bleiben. Das ist ein großer Vorteil, denn wenn Sie wütend werden, besteht die Gefahr, dass Sie außer sich geraten und Ihrem Kind wehtun. Eine Auszeit gibt in einer eskalierenden Situation jedem die Möglichkeit, sich zu beruhigen. Sie können die Auszeit anwenden, wenn Ihr Kind während der stillen Zeit nicht ruhig bleibt oder als eine Konsequenz für Wutanfälle oder schwerwiegendes Problemverhalten, wie z. B. anderen wehtun.

Die Auszeit wird im Wesentlichen genau wie die stille Zeit angewendet. Der Unterschied besteht darin, dass das Kind in einen anderen Raum gebracht wird, in dem sich niemand sonst befindet. Lassen Sie die Tür zunächst offen. Schließen Sie die Tür erst dann, wenn Ihr Kind nicht im Zimmer bleibt. Wenn das Kinderzimmer voller interessanter Spielzeuge und Beschäftigungsmöglichkeiten ist, sollten Sie über einen anderen Ort für eine Auszeit nachdenken. Die Auszeit sollte in einem Raum stattfinden, der uninteressant, aber trotzdem sicher, hell und gut durchlüftet ist. Sehr wichtig ist, dass der Raum für Ihr Kind keine Bedrohung darstellt oder ihm Angst macht. Gut eignet sich z. B. ein kindersicher gemachtes Badezimmer, in dem alle gefährlichen Dinge entfernt oder weggeschlossen sind.

Bei der Auszeit sind kurze Zeitspannen wirkungsvoller als längere. Eine Minute bei zweijährigen Kindern, zwei Minuten bei drei- bis fünfjährigen und maximal fünf Minuten bei fünf- bis zehnjährigen sind genug.

Es ist wichtig, dass Ihr Kind weiß, was die Auszeit bedeutet, bevor Sie sie anwenden. Setzen Sie sich in einer ruhigen Minute mit Ihrem Kind zusammen, erklären Sie ihm, welches konkrete Verhalten eine Auszeit zur Folge haben wird und gehen Sie mit ihm den Ablauf der Auszeit durch. Erklären Sie ihm die Regeln der Auszeit. Vergewissern Sie sich, dass Ihr Kind verstanden hat, dass es sich eine festgelegte Zeit ruhig verhalten muss, bevor es aus der Auszeit zurückkommen darf.

Die Regeln für den Gebrauch der Auszeit sind ähnlich wie bei der stillen Zeit. Wenn ein ernsthaftes Problemverhalten auftritt, sollten Sie folgendermaßen vorgehen:

Sagen Sie Ihrem Kind, was es tun soll

Reagieren Sie sofort, wenn Sie sehen, dass ein Problemverhalten auftritt. Gehen Sie in die Nähe Ihres Kindes, versuchen Sie, seine Aufmerksamkeit zu erlangen und sagen Sie ihm dann, womit es aufhören soll: *Anna, höre sofort auf, mit den Bauklötzen zu werfen!* und was es stattdessen tun soll: *Bau lieber mit den Bauklötzen ein Haus.* Sprechen Sie mit ruhiger Stimme und loben Sie Ihr Kind, wenn es tut, worum Sie es gebeten haben.

Untermauern Sie Ihre Anweisung mit der Auszeit

Wenn das Problemverhalten nicht innerhalb von fünf Sekunden aufhört, sagen Sie Ihrem Kind, was es falsch gemacht hat: *Du hast nicht aufgehört, mit den Bauklötzen zu werfen* und nennen Sie ihm die Konsequenz: *Deshalb musst du jetzt in die Auszeit gehen.* Sprechen Sie ruhig und bestimmt. Bringen Sie Ihr Kind, wenn nötig, in die Auszeit oder tragen sie es. Ignorieren Sie jeglichen Protest. Halten Sie keinen langen Vortrag und streiten oder schimpfen Sie nicht mit Ihrem Kind.

Erinnern Sie Ihr Kind an die Regeln

Während Sie Ihr Kind in die Auszeit bringen, erinnern Sie es daran, dass es wiederkommen darf, sobald es die festgelegte Zeit ruhig geblieben ist. Lassen Sie die Tür zunächst offen. Wenn Ihr Kind nicht in dem Zimmer bleibt, müssen Sie die Tür eventuell schließen.

Ignorieren Sie Problemverhalten während der Auszeit

Einige Kinder hören auch in der Auszeit nicht mit Problemverhalten wie Treten, Schreien oder Weinen auf. Wenn Sie diesem Verhalten Beachtung schenken, wird die Auszeit nicht funktionieren. Sie müssen sich darauf einstellen, die Strategie trotzdem durchzuziehen. Sprechen Sie nicht mit Ihrem Kind und schenken Sie ihm keinerlei Aufmerksamkeit, bis es die festgesetzte Zeit ruhig geblieben ist.

Nach der Auszeit

Sprechen Sie den Vorfall nicht mehr an, nachdem die Auszeit vorüber ist. Helfen Sie Ihrem Kind, eine Beschäftigung zu finden. Achten Sie auf erwünschtes Verhalten und loben Sie Ihr Kind dafür. Wenn das Problemverhalten erneut auftritt, müssen Sie die Auszeit-Methode nochmals anwenden.

Machen Sie sich Notizen

Vielleicht hilft es Ihnen, jedes Mal zu notieren, dass Sie die Auszeit angewendet haben und wie lange es gedauert hat, bis Ihr Kind die festgelegte Zeit ruhig geblieben ist (siehe Auszeit-Beobachtungsbogen auf Seite 70). Sobald Ihr Kind den Ablauf der Auszeit gelernt hat, sollte es sich schneller beruhigen und Sie sollten die Auszeit weniger oft anwenden müssen. Wenn während der Auszeit Probleme auftreten oder sich die Lage bis zum Ende der zweiten Woche noch nicht gebessert hat, sollten Sie professionelle Hilfe suchen.

Häufige Probleme in Zusammenhang mit der Auszeit

Eltern, die die Auszeit schon einmal ausprobiert haben, haben möglicherweise festgestellt, dass sie aus einem der folgenden Gründe nicht funktioniert hat:
- *Das Kind durfte selbst entscheiden, wann es aus der Auszeit zurückkommt.* Die Eltern könnten zum Beispiel sagen: *Phillip, so wird in diesem Haus nicht geredet. Geh in dein Zimmer und komm erst wieder, wenn du bereit bist, normal mit uns zu reden.* Dann kann es passieren, dass das Kind in sein Zimmer geht und sofort wieder herauskommt.
- *Die Auszeit wurde nicht konstant angewendet.* Die Auszeit ist am wirkungsvollsten, wenn Eltern sie jedes Mal anwenden, wenn ein Problemverhalten auftritt, anstatt nur mit ihr zu drohen oder sie nur von Zeit zu Zeit durchzuführen.

• *Das Kind durfte aus der Auszeit kommen, obwohl es sich noch nicht beruhigt hatte.* Dies ist ein großes Problem, weil das Kind dadurch lernt, dass es nur laut und lange genug schreien muss, um aus der Auszeit zurückkommen zu dürfen. Die Auszeit sollte erst dann beendet werden, wenn das Kind wirklich ruhig geblieben ist, und nicht, weil es verspricht, sich jetzt gut zu benehmen oder einfach, weil es eine bestimmte Zeit in dem Raum geblieben ist. Die Auszeit beginnt, wenn jeglicher Lärm und Protest aufgehört hat.

ÜBUNG **7** *Vorbereitung auf den Einsatz der Auszeit*

Welchen Raum könnten Sie für die Auszeit benutzen?

Was sagen Sie zu Ihrem Kind, wenn Sie die Auszeit vorbesprechen?

Was sagen Sie zu Ihrem Kind, wenn Sie es in die Auszeit bringen?

Wie lange soll die Auszeit dauern?

Wann sprechen Sie wieder mit Ihrem Kind?

Was sagen Sie zu Ihrem Kind, wenn die Auszeit vorüber ist?

Was können Sie tun, wenn Ihr Kind hinterher nicht aus der Auszeit kommen will?

Was können Sie tun, wenn Ihr Kind im Auszeit-Raum große Unordnung macht?

Was können Sie tun, wenn Ihr Kind aus der Auszeit kommt, bevor sie vorüber ist?

Was könnte passieren, wenn Sie Ihrem Kind mit der Auszeit drohen?

Was könnte passieren, wenn Sie Ihr Kind aus der Auszeit kommen lassen, wenn es „Theater macht"?

Häufige Fragen zur Auszeit

- *Was kann ich tun, wenn mein Kind ewig lange schreit?* Denken Sie daran, dass Ihr Kind irgendwann aufhören wird zu schreien. Es kann sein, dass es 15 oder 30 Minuten oder sogar noch länger dauert, aber Ihr Kind wird aufhören, wenn es keine Aufmerksamkeit mehr für diese „Eskalation" erhält. Versuchen Sie, die Eskalationsfalle zu durchbrechen: Ihr Kind muss lernen, dass es keine Aufmerksamkeit von Ihnen erhält, weil es lauter schreit oder auf seinen Forderungen besteht. Ihr Kind sollte erst dann wieder Aufmerksamkeit erhalten, wenn es die festgesetzte Zeit ruhig geblieben ist. Ignorieren Sie während der Auszeit jeglichen Protest wie Treten, Trampeln, Schreien oder gegen die Wand klopfen. Dazu ist es vielleicht hilfreich, sich so weit wie möglich zu entfernen, dabei aber noch in Hörweite zu bleiben (z.B. in den Garten gehen) oder jemanden anzurufen, um sich Unterstützung zu holen. Alternativ dazu können Sie den Fernseher oder die Stereoanlage lauter stellen, um Ihrem Kind verständlich zu machen, dass Sie es nicht hören. Die festgesetzte Zeit (zwei bis fünf Minuten) beginnt erst, wenn das Kind ruhig ist.
- *Was kann ich tun, wenn mein Kind mich ruft, weil es etwas möchte?* Kinder versuchen oft, Aufmerksamkeit von ihren Eltern zu erlangen, während sie in der Auszeit sind. Manchmal kommen sie mit allen möglichen Fragen oder Bitten, wie zum Beispiel *Wie lange noch, Mami?*, *Ich verspreche, dass ich wieder lieb bin,*

Ich habe Durst, ich möchte etwas trinken. Ignorieren Sie auch hier jegliche Wünsche nach Essen, Trinken oder Aufmerksamkeit. Wenn Sie auf diese Bitten eingehen, erhält Ihr Kind Zuwendung, die als eine versehentliche Belohnung für die Eskalation fungieren kann. Da die Auszeit in der Regel nicht lange dauert, weil das Kind ja nur für eine kurze Zeit ruhig sein soll, kann Ihr Kind so lange warten. Wenn Ihr Kind auf die Toilette muss, lassen Sie es aus der Auszeit kommen (sprechen dabei aber nicht mit ihm), auf die Toilette gehen und bringen es in die Auszeit zurück, sobald es fertig ist.

- *Was kann ich tun, wenn mein Kind sagt, dass es gerne in die Auszeit geht und es ihm nichts auszumachen scheint?* Nutzen Sie die Strategie des Absichtlichen Ignorierens und beachten Sie derartige Kommentare nicht. Antworten Sie nicht darauf und bringen Sie Ihr Kind direkt in die Auszeit. Wenn diese Kommentare Ihres Kindes keine Reaktion bei Ihnen provozieren, wird Ihr Kind vermutlich nach ein paar Tagen damit aufhören.

- *Was kann ich tun, wenn mein Kind wegläuft, wenn ich Auszeit sage?* Versuchen Sie, dieses Problem von vornherein zu vermeiden, indem Sie möglichst nah an Ihr Kind herangehen, bevor Sie eine Anweisung geben. Wenn es jedoch dazu kommt, dass Ihr Kind wegläuft, lassen Sie es und laufen Sie nicht hinterher. Ihr Kind könnte es als Fangen-Spielen auffassen. Wenn Ihr Kind zurückkommt (vielleicht auch erst nach 15 Minuten), nehmen Sie es an die Hand und bringen es in die Auszeit. Es darf dann herauskommen, wenn es die festgesetzte Zeit ruhig gewesen ist. Das Kind lernt so, dass Weglaufen keinen Vorteil bringt und es trotzdem in die Auszeit muss.

- *Was kann ich tun, wenn mein Kind verspricht, sich zu benehmen, wenn ich sage, dass es in die Auszeit gehen muss?* Ihr Kind soll lernen, Ihre Anweisungen zu befolgen und nicht auf die Androhung der Auszeit zu reagieren. Um dem Kind dabei zu helfen, klare, ruhige Anweisungen zu befolgen und um einer Eskalationsfalle zu entgehen, ist es wichtig, die Anweisungen unmittelbar mit Konsequenzen zu untermauern. Wenn Sie nachgeben und Ihr Kind nicht in die Auszeit schicken, wird es lernen, dass es nur versprechen muss, sich zu benehmen, um der Auszeit zu entgehen.

- *Was kann ich tun, wenn ich vergesse, dass mein Kind in der Auszeit ist und es ruft, um mir zu sagen, dass es ruhig gewesen ist?* Versuchen Sie, dies zu vermeiden, indem Sie möglichst genau verfolgen, ob und wie lange Ihr Kind ruhig gewesen ist. Es kann jedoch vorkommen, dass Sie vergessen, Ihr Kind aus der Auszeit zu holen und es deshalb fragt, ob die Zeit vorüber ist. Wenn dies passiert, sollten Sie nicht sofort darauf eingehen, sondern noch eine kurze Zeit (ca. 30 - 40 Sekunden) warten und es dann aus der Auszeit kommen lassen. Wenn Sie Ihr Kind sofort aus der Auszeit kommen lassen, könnte es sein, dass es denkt, es durfte herauskommen, weil es gerufen hat und nicht, weil es ruhig gewesen ist.

- *Was kann ich tun, wenn mein Kind im Auszeitraum eine große Unordnung anrichtet?* Um dieses Problem zu vermeiden, sollten Sie zunächst einen möglichst günstigen Raum wählen, in dem Ihr Kind wenig Unordnung anrichten kann. Oft eignen sich das Badezimmer, eine helle Gästetoilette oder ein Gästezimmer. Wenn Ihr Kind im Auszeitraum alles mögliche durcheinanderbringt, warten Sie, bis es die festgesetzte Zeit ruhig gewesen ist, bevor Sie hineingehen. Versuchen Sie auch in dieser Situation, möglichst ruhig und sachlich zu bleiben. Sagen Sie Ihrem Kind, dass es die festgelegte Zeit ruhig war und dass es herauskommen kann, wenn es aufgeräumt hat (d.h. wenden Sie eine logische Konsequenz an). Helfen Sie Ihrem Kind, wenn nötig, beim Aufräumen. Denken Sie daran, beim Aufräumen realistische, altersangemessene Erwartungen an Ihr Kind zu stellen.

- *Was kann ich tun, wenn mein Kind während der Auszeit Dinge kaputtmacht?*
Aggressives oder zerstörerisches Verhalten zeigt Ihr Kind sicher nicht erst,
wenn Sie die Auszeit anwenden. Wahrscheinlich werden Sie ein solches
Verhalten vorher schon einmal beobachtet haben. Hat Ihr Kind in der Ver-
gangenheit bereits Dinge zerstört, müssen Sie den Auszeit-Raum ganz beson-
ders sorgfältig vorbereiten, sodass Ihr Kind möglichst wenig kaputtmachen
kann. Es kann außerdem hilfreich sein, dem Kind vorher die Schuhe auszuzie-
hen. Falls Ihr Kind dann nach Dingen tritt, gehen sie nicht so schnell kaputt.
Versuchen Sie, ruhig zu bleiben und kümmern Sie sich um sich selbst und um
Ihr eigenes Befinden, während Ihr Kind in der Auszeit ist. Sie könnten z.B.
Musik hören, einen Freund oder eine Freundin anrufen oder auch staubsaugen.
Reden Sie nicht mit Ihrem Kind und gehen Sie nicht in den Raum hinein, außer
Ihr Kind ist in Gefahr. Wenn Ihr Kind die festgelegte Zeit ruhig war, holen Sie
es aus der Auszeit zurück. Hat Ihr Kind im Auszeitraum etwas zerstört, reagie-
ren Sie mit einer logischen Konsequenz. Das Kind kann z. B. dabei mithelfen, es
zu reparieren oder auch einen vertretbaren Anteil seines Taschengeldes dafür
aufwenden. Es ist vielleicht hilfreich, wenn Sie im Kopf behalten, dass es jederzeit möglich ist, einen materiellen Schaden wie zum Beispiel ein Loch in der
Wand o.ä. zu reparieren. Im Gegensatz dazu haben viele Kinder, die schlecht
mit Ärger und Frustration umgehen können, dieselben Probleme auch noch als
Erwachsene, wenn nichts dagegen unternommen wird. Wutausbrüche,
Aggressionen und zerstörerisches Verhalten können zu lebenslangen Problemen führen, die viel schwerer zu lösen sind.

Die Entwicklung von Erziehungsroutinen

Das Flussdiagramm auf der nächsten Seite zeigt, wie man einige der vorgestellten
Erziehungsstrategien zu so genannten Erziehungsroutinen zusammenfassen
kann. Die dort gezeigte Start-Routine können Sie z.B. anwenden, wenn Sie möch-
ten, dass Ihr Kind mit einer neuen Tätigkeit beginnt, wie z.B. sich für das Bett fer-
tig zu machen oder sich morgens anzuziehen. Diese Routine hilft Ihnen, eine
Eskalationsfalle, wie sie in der ersten Sitzung beschrieben wurde, zu vermeiden.
Das Befolgen der Start-Routine wird es Ihnen leichter machen, ruhig zu bleiben.
Zudem wird Ihr Kind weniger Zeit haben, sein Problemverhalten zu steigern.

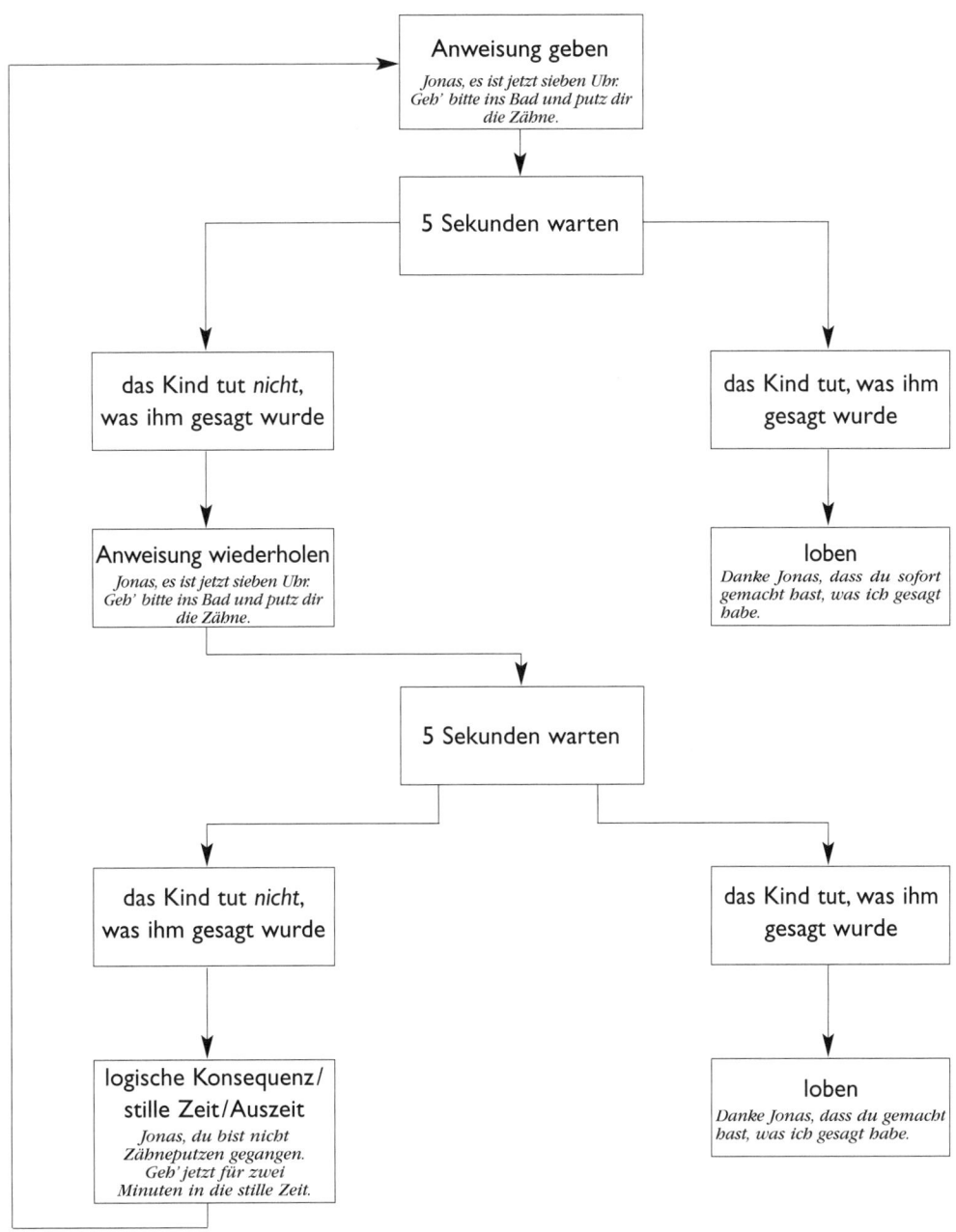

Die wichtigsten Punkte zur Erinnerung

- Geben Sie Anweisungen klar und direkt – sagen Sie Ihrem Kind genau, was es tun soll. Vermeiden Sie, Fragen zu stellen (z.B. *Würdest du bitte ... ?*) und geben Sie keine ungenauen Anweisungen (z. B. *Lass das!*).
- Nachdem Sie Ihre Anweisung gegeben haben, warten Sie ca. fünf Sekunden, um Ihrem Kind Zeit zu geben, Ihre Anweisung zu befolgen. Versuchen Sie, während dieser Zeit nicht mit Ihrem Kind zu sprechen und benutzen Sie absichtliches Ignorieren, wenn Ihr Kind während dieser fünf Sekunden versucht, mit Ihnen zu reden. Diskutieren oder streiten Sie nicht über die Konsequenz - bleiben Sie einfach ruhig und warten Sie.
- Vermeiden Sie, zu allgemein zu loben, wenn Ihr Kind getan hat, worum Sie es gebeten haben (sagen Sie z.B. nicht einfach *Toll* oder *Danke*). Sagen Sie Ihrem Kind lieber konkret, was Ihnen gut gefallen hat (z. B. *Danke, dass du gleich angefangen hast, aufzuräumen!*).
- Wenn Sie Ihre Anweisung wiederholen müssen, bleiben Sie ruhig und wiederholen Sie lediglich die Anweisung, ohne dabei lauter oder wütend zu werden.
- Wenn Sie Ihrem Kind gesagt haben, dass es in die stille Zeit gehen soll, sollten Sie nicht mit ihm darüber diskutieren oder streiten. Wenn Ihr Kind sagt, dass es jetzt aber tun wird, worum Sie es gebeten hatten, setzen Sie absichtliches Ignorieren ein. Seien Sie konsequent, befolgen Sie die Schritte der Start-Routine und lassen Sie die entsprechende Konsequenz (z. B. die stille Zeit) folgen. Das wird Ihrem Kind eher dabei helfen, zu lernen, Ihre Anweisungen zu befolgen, als wenn Sie nur mit logischen Konsequenzen, stiller Zeit oder Auszeit drohen, ohne sie umzusetzen.
- Wenn Ihr Kind Ihre Anweisungen nicht befolgt, wenn Sie ihm sagen, dass es sich in die stille Zeit oder in die Auszeit begeben soll, dann führen Sie es an den Schultern in die richtige Richtung, bis es allein geht. Kleine Kinder können Sie auch hintragen, wenn es nötig ist.
- Wenn Sie Ihr Kind in die stille Zeit bringen, erklären Sie ihm nochmals die Regeln – *Du musst hier bleiben und für zwei Minuten ruhig sein.* Erinnern Sie auch dann an die Regeln, wenn Ihr Kind aufgebracht ist.
- Wenn sich Ihr Kind nicht an die Regeln für die stille Zeit hält, sollten Sie es in die Auszeit schicken: *Susanne, du warst in der stillen Zeit nicht ruhig, deshalb musst du jetzt in die Auszeit gehen.* Falls nötig und möglich, tragen Sie Ihr Kind in die Auszeit.
- Wiederholen Sie Ihre ursprüngliche Aufforderung nach der logischen Konsequenz oder nachdem Ihr Kind in der stillen Zeit oder in der Auszeit ruhig war: *Danke, dass du dich in der stillen Zeit ruhig verhalten hast. O.k., jetzt wird gebadet. Gehe jetzt bitte ins Bad.*
- Wiederholen Sie die Start-Routine, bis Ihr Kind tut, wozu Sie es aufgefordert haben.

ÜBUNG **8** *Anwenden der Start-Routine*

> Versuchen Sie, diese Routine mit einem anderen Erwachsenen im Rollenspiel zu üben, bevor Sie sie mit Ihrem Kind ausprobieren. Diese Übung wird Ihnen dabei helfen herauszufinden, ob Sie sich vorstellen können, diese Erziehungsstrategie bei Ihrem Kind anzuwenden. Das Üben der Start-Routine gibt Ihnen außerdem die Gelegenheit, in Ruhe konkrete Formulierungen auszuprobieren, die Sie vor Ihrem Kind in einer Problemsituation benutzen wollen.
>
> Als erstes brauchen Sie für diese Übung einen anderen Erwachsenen, der Ihr Kind

spielt. Sie können aber auch einen Teddy oder eine Puppe einsetzen. Gehen Sie die einzelnen Schritte der Routine durch, als ob Sie mit Ihrem Kind sprechen würden. Während Sie diese Übung durchführen, können Sie sich die folgende Szene vorstellen: Ihr Kind spielt mit seinen Spielsachen und Sie haben es bereits um 18:40 Uhr und um 18:55 Uhr daran erinnert, dass es um 19:00 Uhr Zeit ist, ins Bad zu gehen. Jetzt ist es 19:00 Uhr und Sie geben Ihrem Kind die klare Anweisung, jetzt ins Bad zu gehen. Im ersten Teil der Übung sollen Sie sich vorstellen, dass Ihr Kind tut, worum Sie es gebeten haben, und es dafür loben. Üben Sie anschließend eine Situation, in der Ihr Kind Ihre Aufforderung nicht beachtet und einfach weiterspielt. Schicken Sie Ihr Kind dann nach der zweiten Anweisung in die stille Zeit oder, falls nötig, in die Auszeit.

Wenn Sie möchten, dass Ihr Kind mit einem Problemverhalten aufhört, dann kann die Stopp-Routine hilfreich sein. Geben Sie Ihrem Kind nur eine Anweisung, wenn es ein Problemverhalten zeigt und wiederholen Sie diese nicht (siehe unten). Auf der Seite 66 finden Sie Beispiele für die Stopp-Routine bei Problemverhalten, wie Streiten, Wutanfälle, Jammern oder Stören. Achten Sie auf die Gemeinsamkeiten der Erziehungsroutinen für diese vier Situationen.

STOPP-ROUTINE

Anweisung geben

Sonja, hör' auf, auf der Schaukel zu stehen! Setz dich bitte hin!

5 Sekunden warten

das Kind tut *nicht*, was ihm gesagt wurde

das Kind tut, was ihm gesagt wurde

logische Konsequenz/ stille Zeit/Auszeit

Sonja, du hast dich nicht hingesetzt. Deshalb musst du jetzt für fünf Minuten von der Schaukel runterkommen.

loben

Danke, dass du dich auf die Schaukel gesetzt hast!

Woche 3

Um ein Spielzeug streiten	Wutanfälle	Jammern	Unterbrechen/Stören
Gewinnen Sie die Aufmerksamkeit Ihres Kindes. Sagen Sie ihm, womit es aufhören und was es stattdessen tun soll. – *Hört bitte auf, Euch um das Auto zu streiten. Wechselt euch ab.*	Gewinnen Sie die Aufmerksamkeit Ihres Kindes. Sagen Sie ihm, womit es aufhören und was es stattdessen tun soll. – *Hör auf zu schreien. Sprich bitte mit normaler Stimme.*	Gewinnen Sie die Aufmerksamkeit Ihres Kindes. Sagen Sie ihm, womit es aufhören und was es stattdessen tun soll. – *Hör auf zu jammern. Sag, was du möchtest.*	Gewinnen Sie die Aufmerksamkeit Ihres Kindes. Sagen Sie ihm, womit es aufhören und was es stattdessen tun soll. – *Unterbrich mich jetzt nicht. Warte, bis ich fertig bin.*
Loben Sie Ihr Kind, wenn es tut, worum Sie es gebeten haben.	Loben Sie Ihr Kind, wenn es tut, worum Sie es gebeten haben.	Loben Sie Ihr Kind, wenn es tut, worum Sie es gebeten haben.	Wenn Ihr Kind wartet, bis Sie fertig sind oder eine Pause machen, loben Sie es für das Warten und schenken Sie ihm dann Aufmerksamkeit.
Wenn Ihr Kind nicht tut, worum Sie es gebeten haben, sagen Sie ihm, was es falsch gemacht hat und welche Konsequenz das hat. – *Ihr habt Euch nicht geeinigt. Jetzt kommt das Auto für fünf Minuten weg.* – Diskutieren und streiten Sie nicht darüber.	Wenn Ihr Kind nicht tut, worum Sie es gebeten haben, sagen Sie ihm, was es falsch gemacht hat und welche Konsequenz das hat. – *Du schreist immer noch. Jetzt bast du fünf Minuten Auszeit.* – Diskutieren und streiten Sie nicht. Bringen Sie Ihr Kind geradewegs in die Auszeit.	Wenn Ihr Kind nicht tut, worum Sie es gebeten haben, sagen Sie ihm, was es falsch gemacht hat und welche Konsequenz das hat. – *Du bast nicht aufgehört zu jammern. Ich packe das Eis jetzt für fünf Minuten weg. Frag' dann noch mal.* – Diskutieren oder streiten Sie nicht darüber.	Wenn Ihr Kind nicht tut, worum Sie es gebeten haben, sagen Sie ihm, was es falsch gemacht hat und welche Konsequenz das hat. – *Du unterbrichst mich immer noch. Geb' jetzt für eine Minute in die stille Zeit.* – Wenn nötig, bringen Sie Ihr Kind in die stille Zeit. Diskutieren oder streiten Sie nicht darüber.
Wenn Ihr Kind protestiert oder sich beschwert, ignorieren Sie es.		Wenn Ihr Kind protestiert oder sich beschwert, ignorieren Sie es.	Wenn Ihr Kind während der stillen Zeit nicht ruhig ist, sagen Sie ihm, was es falsch gemacht hat und welche Konsequenz das hat. – *Du bist nicht ruhig in der stillen Zeit. Jetzt gebst du für eine Minute in die Auszeit.* – Diskutieren oder streiten Sie nicht über die Konsequenz. Bringen Sie Ihr Kind geradewegs in die Auszeit.
Wenn die Zeit um ist, geben Sie das Spielzeug zurück. Loben Sie Ihre Kinder dafür, dass sie sich einigen. Wenn das Problem erneut auftritt, wiederholen Sie die Konsequenz für eine längere Zeitspanne oder setzen Sie die stille Zeit ein.	Wenn Ihr Kind während der festgelegten Zeit ruhig war, holen Sie es zurück und geben Sie ihm eine Beschäftigung. Loben Sie es, wenn es sich angemessen verhält.	Wenn die Zeit um ist und Ihr Kind aufgehört hat zu jammern, loben Sie es dafür und geben Sie ihm Gelegenheit zu sagen, was es möchte. Wenn es dies angemessen tut, loben Sie es und erfüllen Sie ihm wenn möglich seinen Wunsch. Wenn das Problem erneut auftritt, wiederholen Sie die Konsequenz für eine längere Zeitspanne oder setzen Sie die stille Zeit ein.	Wenn Ihr Kind während der festgelegten Zeit ruhig war, geben Sie ihm eine Beschäftigung und loben Sie Ihr Kind, wenn es sich angemessen verhält.

Wählen Sie ein problematisches Verhalten Ihres Kindes aus. Schreiben Sie dann zu jedem Schritt der Stopp-Routine auf, was Sie sagen oder tun würden, um das Verhalten zu stoppen und angemessenes Verhalten zu fördern.

Problemverhalten:

1. Gewinnen Sie die Aufmerksamkeit Ihres Kindes und sagen Sie ihm genau, womit es aufhören und was es stattdessen tun soll.

2. Loben Sie Ihr Kind, wenn es tut, was Sie gesagt haben.

3. Wenn Ihr Kind nicht auf Sie hört, sagen Sie ihm, was das Problem ist und welche Konsequenz darauf folgt. Setzen Sie diese Konsequenz durch.

4. Ignorieren Sie Protest und achten Sie nicht auf Jammern und Beschwerden Ihres Kindes. Setzen Sie gegebenenfalls andere Konsequenzen (z.B. eine Auszeit) ein, um Ihrer Anweisung Nachdruck zu verleihen.

5. Wenn die Konsequenz vorüber ist, sollten Sie versuchen, eine Beschäftigung für Ihr Kind zu finden und loben Sie es, wenn es sich angemessen verhält.

Abschluss der Punktekarte

In dieser Woche haben Sie verschiedene Strategien kennen gelernt, die Ihnen helfen können, angemessen mit Problemverhalten umzugehen. Erinnern Sie sich nun an die Punktekarte, die in der zweiten Woche geplant wurde. Der letzte Schritt beinhaltet das Festlegen von Konsequenzen für den Fall, dass Ihr Kind das festgesetzte Ziel nicht erreicht (z.B. sich nicht alleine morgens den Schlafanzug auszieht, obwohl es dies bereits beherrscht und dafür einen Punkt bekommen würde) oder dass Ihr Kind Problemverhalten zeigt (z.B. wütend wird, weil es keinen Punkt bekommt).

ÜBUNG 10 *Konsequenzen für die Punktekarte*

Was könnten Sie tun, wenn Ihr Kind das gesetzte Ziel nicht erreicht?

Was können Sie tun, wenn im Zusammenhang mit der Punktekarte ein Problemverhalten vorkommt (z. B. ein Wutanfall)?

Abschluss

Zusammenfassung der Sitzung

In dieser Woche wurden sieben Strategien zum Umgang mit kindlichem Problemverhalten eingeführt:

- Familienregeln aufstellen

- Mit direktem Ansprechen auf die Nichtbeachtung von Regeln reagieren

- Absichtliches Ignorieren bei leichtem Problemverhalten

- klare, ruhige Anweisungen geben

- Anweisungen mit logischen Konsequenzen untermauern

- die stille Zeit einsetzen, um mit Problemverhalten umzugehen

- die Auszeit bei schwerwiegendem Problemverhalten anwenden

- Besprechen Sie in Ihrer Familie vier oder fünf Familienregeln.
- Wählen Sie einige Strategien aus, die Sie mit Ihrem Kind ausprobieren wollen. Falls Sie die stille Zeit oder die Auszeit anwenden möchten, sollten Sie über Ihr Vorgehen Buch führen. Benutzen Sie dazu den Auszeit-Beobachtungsbogen auf der Seite 70. Wählen Sie einen günstigen Zeitpunkt, um in Ruhe mit Ihrem Kind über die neuen Strategien zu sprechen, bevor Sie sie einsetzen. Beginnen Sie mit dem Einsatz der neuen Strategien möglichst an einem Tag, an dem Sie sehr wahrscheinlich zu Hause sein werden und nicht zu viel Stress haben oder unter Zeitdruck stehen. Schreiben Sie die Strategien auf, die Sie in den nächsten sieben Tagen ausprobieren möchten.

- Setzen Sie die bereits geplante und vorbereitete Punktekarte aus der zweiten Woche in die Tat um, und zwar mit den Konsequenzen, die Sie sich gerade ausgewählt haben.
- Fahren Sie damit fort, Ihr Kind zu beobachten und tragen Sie die Werte in die Verhaltenskurve ein. Beobachten Sie, ob sich das Verhalten Ihres Kindes durch den Einsatz der Strategien verändert.

■ FREIWILLIGE ZUSATZAUFGABE

Um die Inhalte dieses Kapitels zu wiederholen, können Sie sich den Ausschnitt „Umgang mit Problemverhalten" aus dem Video „Überlebenshilfe für Eltern" ansehen oder sich mit anderen Triple P-Materialien beschäftigen.

Themen der nächsten Woche

In der vierten Woche sollen Sie sich eine strukturierte Übung überlegen, in der Sie einige der Strategien, die in der zweiten und dritten Woche vorgestellt wurden, üben können. Sie werden angeleitet, sich dabei selbst zu beobachten. So können Sie Ihre Stärken und Schwächen herausfinden und sich Ziele für das nächste Mal setzen.

AUSZEIT-BEOBACHTUNGSBOGEN

Woche 3

Anleitung: Notieren Sie den Tag, das Problemverhalten, wann und wo es aufgetreten ist und die Dauer der Auszeit.

Festgesetzte Zeit für die Auszeit: 2 Min. ☐ 3 Min. ☐ 4 Min. ☐ 5 Min. ☐

Tag	Problemverhalten	Wann und wo trat es auf	Dauer der Auszeit

Gebrauch von positiven Erziehungsstrategien 1

Woche 4

Während der kommenden drei Wochen sollen Sie die Strategien, die in der zweiten und dritten Woche eingeführt wurden, praktisch üben. Überlegen Sie sich dafür jede Woche, wann Sie sich etwa 20 Minuten Zeit nehmen können, um einige der Strategien mit Ihrem Kind auszuprobieren. Für jede praktische Übung sollten Sie sich spezifische Ziele setzen. Vielleicht ist es für Sie hilfreich, wenn Sie die Umsetzung der Strategien mithilfe der beiliegenden Checklisten dokumentieren. Es werden auch Richtlinien eingeführt, die Ihnen dabei helfen sollen, sich selbst eine hilfreiche Rückmeldung darüber zu geben, wie die Übung geklappt hat. Dabei sollen Sie sich als erstes zwei Dinge überlegen, die Sie während der praktischen Übung gut gemacht haben und als nächstes ein oder zwei Dinge, die Sie schwierig fanden oder die Sie gerne anders machen würden. Die Dinge, die Sie ändern möchten, sind dann Ihre Ziele für den Rest dieser Woche und für die folgende Woche.

Ziele

Am Ende der vierten Woche sollten Sie in der Lage sein,
- positive Erziehungsstrategien bei Ihrem Kind erfolgreich anzuwenden.
- Ihr Verhalten beim Gebrauch der Strategien genau zu beobachten.
- Ihre Stärken und Schwächen beim Gebrauch der Strategien zu identifizieren.
- sich Ziele für weitere praktische Übungen zu setzen.

Einen Einstieg finden

Wählen Sie für Ihre praktische Übung eine Zeit, in der Sie mit Ihrem Kind zu Hause sind. Sie sollten sich während dieser Zeit ungefähr 20 Minuten lang mit Ihrem Kind im gleichen Raum aufhalten können, ohne dabei von anderen gestört zu werden. Setzen Sie sich ein paar Ziele, die Sie während der Übung erreichen möchten. Nehmen Sie sich vor, einige der positiven Strategien anzuwenden, die in der zweiten und dritten Woche vorgestellt wurden. Denken Sie daran, dass Ihre Ziele so spezifisch wie möglich formuliert sein sollten (z. B. *Ich werde alle fünf Minuten beschreibend loben und versuchen, mindestens zweimal beiläufiges Lernen anzuwenden, um selbstständiges Spielen zu fördern* oder *Ich werde fünf klare, direkte Anweisungen geben und sie durch Konsequenzen untermauern, falls es nötig ist – Lob, wenn das Kind einer Aufforderung nachkommt und logische Konsequenzen, stille Zeit und Auszeit wenn das Kind nicht tut, worum ich es gebeten habe.*).

Stellen Sie für die praktische Übung den Fernseher aus und telefonieren Sie nicht. Sie haben dadurch mehr Möglichkeiten, sich mit Ihrem Kind zu befassen. Falls das Telefon klingelt, gehen Sie dran und versuchen Sie, das Gespräch so kurz wie möglich zu halten. In diesem Fall können Sie die positiven Erziehungsstrategien anwenden, um Ihrem Kind beizubringen, dass es ruhig weiterspielen soll, während Sie telefonieren. Sie sollten auch versuchen, während der gesamten Übung im gleichen Raum zu bleiben wie Ihr Kind. So können Sie das Verhalten Ihres Kindes genau beobachten und sofort darauf reagieren.

ÜBUNG 1 Einen Zeitpunkt finden und sich Ziele für eine praktische Übung setzen

> Wählen Sie einen Zeitpunkt aus, an dem Sie 20 Minuten Zeit für eine praktische Übung haben.
>
> Tag: _____ Datum: _____ Uhrzeit: _____
>
> Schreiben Sie hier Ihre Ziele für die erste praktische Übung auf:
>
> _____
>
> _____
>
> _____

Eine praktische Übung entwerfen

Denken Sie darüber nach, wie Sie Ihre praktische Übung so planen können, dass Sie Ihre Ziele auch erreichen. Wenn Sie sich zum Beispiel vorgenommen haben, beschreibendes Lob und beiläufiges Lernen einzusetzen, um Ihr Kind darin zu bestärken, alleine zu spielen, dann müssen Sie die Übung so gestalten, dass Sie sich erst eine gewisse Zeit mit Ihrem Kind beschäftigen und es dann allein spielen lassen und sich Ihren eigenen Dingen zuwenden. Wenn Sie die Übung so unterteilen, werden Sie mehr Möglichkeiten haben, Ihr Kind dafür zu loben, dass es alleine spielt. Es kann sein, dass Sie bei dieser Übung einige der Strategien zum

Umgang mit Problemverhalten, die in der dritten Woche vorgestellt wurden, einsetzen müssen, zum Beispiel falls Ihr Kind Sie bei Ihren Tätigkeiten unterbricht oder jammert. Diese Probleme treten wahrscheinlich erst auf, wenn Sie Ihrem Kind die Aufmerksamkeit entziehen. Wenn es Ihr Ziel ist, in dieser Situation klare und ruhige Anweisungen zu geben, sollten Sie sich diese Anweisungen überlegen, bevor Sie mit der Übung beginnen. Sie könnten zum Beispiel einige Zeit mit Ihrem Kind spielen und es dann bitten, sich die Hände zu waschen, um eine Kleinigkeit zu essen, oder aufzuräumen, um mit einer anderen Tätigkeit zu beginnen. Auf diese Weise können Sie üben, Anweisungen zu geben und bei Nichtbefolgen Konsequenzen folgen zu lassen. Denken Sie daran, Ihr Kind zu loben, wenn es tut, worum Sie es gebeten haben, und setzen Sie eine logische Konsequenz, die stille Zeit oder die Auszeit ein, wenn Ihr Kind sich weigert oder wütend wird.

ÜBUNG **2** *Die praktische Übung planen*

> Schreiben Sie auf, wie die 20 Minuten der praktischen Übung ablaufen sollen (z.B. *Ich werde erst zehn Minuten lang mit Jan spielen und in den restlichen zehn Minuten werde ich Wäsche bügeln und Jan dazu ermutigen, alleine weiter zu spielen.*).
>
> --
>
> --

Beobachten Sie sich selbst

Wenn Sie sich Ziele gesetzt und die praktische Übung genauer geplant haben, können Sie beginnen. Vielleicht hilft es Ihnen, sich einen Wecker zu stellen (evtl. den Wecker des Herdes oder der Mikrowelle), damit Sie wissen, wann die 20 Minuten vorbei sind oder wann Sie das Spielen unterbrechen wollten, um etwas anderes zu tun.

Während der praktischen Übung sollten Sie aufschreiben, inwieweit Sie Ihre Ziele erreicht haben. Ein Beispiel für einen ausgefüllten Beobachtungsbogen einer praktischen Übung finden Sie auf der Seite 74. Eine zusätzliche Kopie des Beobachtungsbogens finden Sie im Abschnitt „Arbeitsblätter".

ÜBUNG **3** *Sich selbst beobachten und bewerten*

> Vielleicht finden Sie es hilfreich, für Ihre praktische Übung den Beobachtungsbogen und die übrigen Checklisten auf den folgenden Seiten zu verwenden. Die Checklisten sollen Sie im Umgang mit typischen Problemen unterstützen. Wir haben dort einige der häufigsten Problemverhaltensweisen für Sie aufgeführt (z.B. Unterbrechen, Wutanfälle oder aggressives Verhalten). Sie können aber auch nach der Übung auf die Bögen zurückgreifen, um zu sehen, wie gut Ihre Übung geklappt hat. Die Bögen helfen Ihnen herauszufinden, welche Schritte Sie gut gemacht haben und welche Schritte Sie vielleicht vergessen haben oder noch üben müssen. Dies hilft Ihnen dabei, neue Ziele aufzustellen. Sie können die Bögen auch zu anderen Zeitpunkten einsetzen, falls eines der genannten Probleme auftritt. Weitere Kopien der Bögen finden Sie am Ende des Buches im Abschnitt „Arbeitsblätter".

Anleitung: Notieren Sie Ihre Ziele für die praktische Übung. Formulieren Sie diese so konkret wie möglich. Ein konkretes Ziel ist zum Beispiel, sich vorzunehmen, mindestens dreimal ein beschreibendes Lob einzusetzen. Verwenden Sie die folgende Tabelle, um zu notieren, ob Sie Ihr Ziel erreicht haben. Beschreiben Sie, was gut geklappt hat und auch, ob Schwierigkeiten aufgetreten sind.

ZIEL 1: Ich werde klare, ruhige Anweisungen geben und Jan loben, wenn er tut, worum ich ihn gebeten habe.

ZIEL 2: Wenn Jan meine Instruktion ignoriert, werde ich eine logische Konsequenz, die stillen Zeit oder eine Auszeit folgen lassen.

ZIEL 3: Ich werde versuchen, beiläufiges Lernen einzusetzen, um Jan zu ermutigen, mehr zu sprechen.

	Ziel erreicht? J / N	Kommentare
ZIEL 1	J	Die Instruktionen waren recht spezifisch. Aber ich habe *Gut gemacht!* gesagt, statt genau zu sagen, was Jan gut gemacht hat. Manchmal habe ich vergessen zu loben.
ZIEL 2	J	Ich habe versucht, logische Konsequenzen und die stille Zeit anzuwenden und auch erklärt, warum. Wahrscheinlich habe ich die Anweisung vorher zu oft wiederholt, bevor ich Konsequenzen eingesetzt habe.
ZIEL 3	N	Dafür blieb keine Zeit.

Woche 4

CHECKLISTE FÜR DIE PRAKTISCHE ÜBUNG

Anleitung: Notieren Sie Ihre Ziele für die praktische Übung. Formulieren Sie diese so konkret wie möglich. Ein konkretes Ziel ist zum Beispiel, sich vorzunehmen, mindestens dreimal ein beschreibendes Lob einzusetzen. Verwenden Sie die folgende Tabelle, um zu notieren, ob Sie Ihr Ziel erreicht haben. Beschreiben Sie, was gut geklappt hat und auch, ob Schwierigkeiten aufgetreten sind.

ZIEL 1:

....

....

ZIEL 2:

....

....

ZIEL 3:

....

....

	Ziel erreicht? J / N	Kommentare
ZIEL 1		
ZIEL 2		
ZIEL 3		

CHECKLISTE: UMGANG MIT UNTERBRECHUNGEN

Anleitung: Falls häufige Unterbrechungen für Sie ein Problem darstellen, können Sie diese Checkliste verwenden. Wenn Ihr Kind ein Gespräch zwischen Ihnen und Ihrem Partner stört oder Sie bei einer anderen Tätigkeit unterbricht, sollten Sie für jeden der folgenden Schritte aufschreiben, ob Sie ihn durchgeführt haben (J) oder nicht (N) bzw. ob der Schritt nicht anwendbar war (NA).

Schritte	Tag					
	Schritte durchgeführt?					
1. Gewinnen Sie die Aufmerksamkeit Ihres Kindes.						
2. Sagen Sie ihm, womit es aufhören soll und was es stattdessen tun soll: *Unterbrich mich nicht! Sag kurz „Mama, …" und warte, bis ich Zeit habe.*						
3. Loben Sie Ihr Kind, wenn es tut, worum Sie es gebeten haben.						
4. Wenn Ihr Kind nicht tut, worum Sie es gebeten haben, erklären Sie ihm, was das Problem ist: *Du hast mich wieder unterbrochen* und nennen Sie ihm die Konsequenz: *Geh' jetzt für eine Minute in die stille Zeit.* Bringen Sie Ihr Kind in die stille Zeit, falls es nötig ist. Streiten oder diskutieren Sie nicht mit Ihrem Kind darüber.						
5. Wenn sich Ihr Kind in der stillen Zeit nicht ruhig verhält, sagen Sie ihm, was es falsch gemacht hat: *Du warst in der stillen Zeit nicht ruhig* und nennen Sie ihm die Konsequenz: *Geh' jetzt für eine Minute in die Auszeit.* Bringen Sie Ihr Kind sofort in die Auszeit.						
6. Wenn Ihr Kind in der stillen Zeit oder in der Auszeit während der festgelegten Zeit ruhig war, holen Sie es zurück und bieten Sie ihm eine Beschäftigung an.						
7. Loben Sie Ihr Kind so bald wie möglich, wenn es angemessenes Verhalten zeigt.						
Anzahl korrekt durchgeführter Schritte						

CHECKLISTE:
STREITEREIEN UND AUSEINANDERSETZUNGEN MIT ANDEREN KINDERN

Anleitung: Wenn Ihr Kind mit anderen streitet, nicht teilen oder sich beim Spielen nicht abwechseln will, sollten Sie für jeden der folgenden Schritte aufschreiben, ob Sie ihn durchgeführt haben (J) oder nicht (N) bzw. ob der Schritt nicht anwendbar war (NA).

Schritte	Tag				
	Schritte durchgeführt?				
1. Gewinnen Sie die Aufmerksamkeit der Kinder.					
2. Sagen Sie ihnen, womit sie aufhören sollen und was sie stattdessen tun sollen: *Hört auf, euch um das Auto zu streiten. Wechselt euch bitte ab!*					
3. Loben Sie die Kinder, wenn sie tun, worum Sie sie gebeten haben.					
4. Wenn das Problem weiter besteht, erklären Sie ihnen, was das Problem ist: *Ihr habt nicht aufgehört, euch zu streiten* und nennen Sie ihnen die Konsequenz: *Deshalb nehme ich euch das Auto jetzt für fünf Minuten weg.* Streiten oder diskutieren Sie nicht mit den Kindern über diesen Punkt.					
5. Wenn die Kinder protestieren oder jammern, setzen Sie absichtliches Ignorieren ein.					
6. Geben Sie ihnen das Spielzeug zurück, wenn die Zeit vorbei ist.					
7. Loben Sie die Kinder so bald wie möglich dafür, dass sie sich angemessen verhalten.					
8. Wenn das Problem erneut auftritt, wiederholen Sie die logische Konsequenz für einen längeren Zeitraum oder setzen Sie die stille Zeit ein.					
Anzahl korrekt durchgeführter Schritte					

4

Woche

Anleitung: Wenn Ihr Kind aggressives Verhalten zeigt, sollten Sie für jeden der folgenden Schritte aufschreiben, ob Sie ihn durchgeführt haben (J) oder nicht (N) bzw. ob der Schritt nicht anwendbar war (NA).

Schritte	Tag				
	Schritte durchgeführt?				
1. Gewinnen Sie die Aufmerksamkeit Ihres Kindes.					
2. Sagen Sie ihm, womit es aufhören soll und was es stattdessen tun soll: *Hör´ auf, zu treten. Behalte deine Füße bei dir!*					
3. Loben Sie Ihr Kind, wenn es tut, worum Sie es gebeten haben.					
4. Wenn Ihr Kind nicht tut, worum Sie gebeten haben, erklären Sie ihm, was das Problem ist: *Du trittst immer noch* und nennen Sie ihm die Konsequenz: *Geh' jetzt für eine Minute in die stille Zeit.* Bringen Sie Ihr Kind in die stille Zeit, falls es nötig ist. Streiten oder diskutieren Sie nicht mit Ihrem Kind darüber.					
5. Wenn sich Ihr Kind in der stillen Zeit nicht ruhig verhält, sagen Sie ihm, was es falsch gemacht hat: *Du warst in der stillen Zeit nicht ruhig* und nennen Sie ihm die Konsequenz: *Geh' jetzt für eine Minute in die Auszeit.* Bringen Sie Ihr Kind sofort in die Auszeit.					
6. Wenn Ihr Kind in der stillen Zeit oder in der Auszeit während der festgelegten Zeit ruhig war, holen Sie es zurück und bieten Sie ihm eine Beschäftigung an.					
7. Loben Sie Ihr Kind so bald wie möglich, wenn es angemessenes Verhalten zeigt.					
Anzahl korrekt durchgeführter Schritte					

4 Woche

Anleitung: Wenn Ihr Kind einen Wutanfall bekommt, sollten Sie für jeden der folgenden Schritte aufschreiben, ob Sie ihn durchgeführt haben (J) oder nicht (N) bzw. ob der Schritt nicht anwendbar war (NA).

	Tag				
Schritte	**Schritte durchgeführt?**				
Entweder: A) Wenden Sie absichtliches Ignorieren bei Klein-kindern unter zwei Jahren an. Oder: B) Gewinnen Sie so gut es geht die Aufmerksam-keit Ihres Kindes und befolgen Sie diese Schritte:					
1. Sagen Sie ihm, womit es aufhören soll und was es stattdessen tun soll: *Hör´ sofort auf, zu schreien. Sprich mit ruhiger Stimme!*					
2. Loben Sie Ihr Kind, wenn es tut, worum Sie es gebeten haben.					
3. Wenn Ihr Kind nicht tut, worum Sie ge-beten haben, erklären Sie ihm, was das Problem ist: *Du hast nicht getan, worum ich dich gebeten habe* und nennen Sie ihm die Konsequenz: *Deshalb musst du jetzt in die Auszeit gehen.* Streiten oder diskutieren Sie nicht mit Ihrem Kind über diesen Punkt. Bringen Sie Ihr Kind sofort in die Auszeit.					
4. Wenn Ihr Kind in der Auszeit für die vor-geschriebene Zeit ruhig geblieben ist, holen Sie es zurück und bieten Sie ihm eine Beschäftigung an.					
5. Loben Sie Ihr Kind so bald wie möglich, wenn es angemessenes Verhalten zeigt.					
Anzahl korrekt durchgeführter Schritte					

4

Woche

Anleitung: Wenn Ihr Kind quengelt oder jammert, sollten Sie für jeden der folgenden Schritte aufschreiben, ob Sie ihn durchgeführt haben (J) oder nicht (N) bzw. ob der Schritt nicht anwendbar war (NA).

Schritte	Tag					
	Schritte durchgeführt?					
1. Gewinnen Sie die Aufmerksamkeit Ihres Kindes.						
2. Sagen Sie ihm, womit es aufhören soll und was es stattdessen tun soll: *Hör´ auf, um ein Stück Kuchen zu betteln. Frag´ mich bitte mit normaler Stimme.*						
3. Loben Sie Ihr Kind, wenn es tut, worum Sie es gebeten haben.						
4. Wenn Ihr Kind nicht tut, worum Sie es gebeten haben, erklären Sie ihm, was es falsch gemacht hat: *Du hast nicht mit normaler Stimme gefragt* und nennen Sie ihm die Konsequenz: *Deshalb stelle ich den Kuchen jetzt für fünf Minuten weg. Danach darfst du mich noch einmal fragen.* Streiten oder diskutieren Sie nicht mit Ihrem Kind über diesen Punkt.						
5. Wenn Ihr Kind protestiert oder jammert, setzen Sie absichtliches Ignorieren ein.						
6. Wenn die Zeit vorbei ist und Ihr Kind nicht mehr jammert, sollten Sie es loben und ihm die Möglichkeit geben, noch einmal mit normaler Stimme um das zu bitten, was es haben möchte.						
7. Wenn Ihr Kind Sie dann in ruhigem Ton bittet, loben Sie es und antworten Sie ihm.						
8. Wenn das Problem erneut auftritt, wiederholen Sie die logische Konsequenz für einen längeren Zeitraum oder setzen Sie die stille Zeit ein.						
Anzahl korrekt durchgeführter Schritte						

4
Woche

Bewerten Sie die Durchführung Ihrer Übung

Nehmen Sie sich nach der 20-minütigen Übung etwas Zeit, um darüber nachzudenken, was Sie gut gemacht haben, und ob es etwas gibt, was Sie beim nächsten Mal anders machen möchten. Benutzen Sie Ihre ausgefüllten Checklisten als Hilfe für die Übung 4.

ÜBUNG **4** *Bewertung der praktischen Übung*

Was haben Sie Ihrer Meinung nach bei der praktischen Übung gut gemacht? Versuchen Sie, zunächst mindestens zwei Punkte aufzuschreiben, die gut geklappt haben (z.B. *Ich habe dreimal ein beschreibendes Lob benutzt und ich war bei der Durchsetzung der stillen Zeit konsequent.*). Beziehen Sie sich dabei auf die Ziele, die Sie in der Übung 1 aufgestellt haben. Welche Ziele haben Sie erreicht?

Was war schwierig? Was hätten Sie Ihrer Meinung nach anders machen können, damit die Übung noch besser verlaufen wäre? Überlegen Sie sich ein oder zwei konkrete Dinge, die Sie gerne anders machen würden, falls Sie die Übung noch einmal wiederholen würden (z. B. *Ich sollte häufiger beschreibend loben und Tim genau sagen, was er gut gemacht hat und ich sollte ruhig bleiben und Tim erklären, warum er in die stillen Zeit gehen muss.*). Denken Sie an die Ziele, die Sie sich in der Übung 1 gesetzt haben. Gibt es ein Ziel, das Sie nicht erreicht haben?

Woche **4**

Sie können hier auch noch weitere Aspekte notieren, die für Sie während der praktischen Übung wichtig waren.

Abschluss

Zusammenfassung der Inhalte

In dieser Woche hatten Sie die Gelegenheit, die positiven Erziehungsstrategien im Rahmen einer praktischen Übung auszuprobieren. Sie haben außerdem über den Gebrauch der Strategien Buch geführt und konnten so Ihre Stärken und Schwächen erkennen, um sich Ziele für Veränderungen zu setzen.

■ PRAKTISCHE ÜBUNG

- Machen Sie sich eine Liste der Strategien, die Sie für den Rest der Woche üben wollen. Formulieren Sie spezifische Ziele und berücksichtigen Sie dabei Ihre Schwächen, die Sie im Laufe der praktischen Übung erkannt haben (z. B. *Ruhig bleiben und Tim erklären, warum er in die stille Zeit gehen muss und häufiger beschreibend loben.*).

Es ist sinnvoll, das Verhalten Ihres Kindes weiterhin im Auge zu behalten. Sie müssen sich nun entscheiden, ob Sie dasselbe Verhalten weiter beobachten möchten. Benutzen Sie Ihre Verhaltenskurve als Entscheidungshilfe. Eine gute Daumenregel besagt, dass Sie aufhören können, ein Verhalten zu beobachten, wenn Sie mit dem Verhalten zufrieden sind und das Verhalten an mindestens fünf aufeinanderfolgenden Tagen stabil gewesen ist. Sie können dann dazu übergehen, ein anderes Zielverhalten zu beobachten.

Um die Inhalte dieses Kapitels zu wiederholen, können Sie sich die Ausschnitte „Förderung der kindlichen Entwicklung" und „Umgang mit Problemverhalten" aus dem Video „Überlebenshilfe für Eltern" ansehen oder sich mit anderen Triple P-Materialien beschäftigen.

Themen der nächsten Woche

In der nächsten Woche werden Sie wieder Gelegenheit haben, Ihren Einsatz der positiven Erziehungsstrategien im Rahmen einer strukturierten praktischen Übung zu beobachten. Sie werden außerdem wieder dazu angeregt werden, Ihre Stärken und Schwächen zu identifizieren und sich neue Ziele für Veränderungen zu setzen.

Gebrauch von positiven Erziehungsstrategien 2

Überblick

In dieser Woche haben Sie erneut die Gelegenheit, die positiven Strategien, die in der zweiten und dritten Woche eingeführt wurden, praktisch zu üben. Sie sollen sich wieder überlegen, wann Sie sich 20 Minuten Zeit nehmen können, um eine Übung durchzuführen. Die Ziele dieser Woche werden sich meist auf die Bereiche beziehen, die Sie selbst nach der ersten Übung verändern wollten. Sie sollen auch in dieser Woche genau beobachten, wie Sie die Strategien umsetzen, Ihre Stärken und Schwächen identifizieren und sich neue Ziele für die Zukunft setzen.

Ziele

Am Ende der fünften Woche sollten Sie in der Lage sein,
- positive Erziehungsstrategien bei Ihrem Kind erfolgreich anzuwenden.
- Ihr Verhalten beim Gebrauch der Strategien genau zu beobachten.
- Ihre Stärken und Schwächen beim Gebrauch der Strategien zu identifizieren.
- sich Ziele für weitere praktische Übungen zu setzen.

Einen Einstieg finden

Wählen Sie für Ihre praktische Übung wieder eine Zeit, in der Sie mit Ihrem Kind zu Hause sind. Sie sollten sich während dieser Zeit ungefähr 20 Minuten lang mit Ihrem Kind im gleichen Raum aufhalten können, ohne dabei von anderen gestört zu werden. Setzen Sie sich ein paar Ziele, die Sie während der Übung erreichen möchten. Vielleicht hilft es Ihnen, auf der Seite 82 nachzusehen, welche Ziele Sie sich nach der letzten praktischen Übung gesetzt hatten. Denken Sie daran, dass Ihre Ziele so spezifisch wie möglich formuliert sein sollten (*z. B. Ich werde alle fünf Minuten beschreibend loben. Ich werde ruhig bleiben. Ich werde fünf klare, direkte Anweisungen geben und sie, falls nötig, durch Konsequenzen unterstützen - Lob, wenn das Kind einer Aufforderung nachkommt und logische Konsequenzen, stille Zeit und Auszeit wenn das Kind nicht tut, worum ich es gebeten habe, und wenn ich die stille Zeit einsetze, werde ich Tim sagen, warum er in die stille Zeit gehen muss.*).

Denken Sie daran, dass es besser ist, für die Dauer der praktischen Übung den Fernseher auszustellen und nicht zu telefonieren. Sie werden so mehr Möglichkeiten haben, mit Ihrem Kind in Kontakt zu treten. Sie sollten sich außerdem möglichst während der gesamten Übung im gleichen Raum wie Ihr Kind aufhalten. Das gibt Ihnen die Möglichkeit, das Verhalten Ihres Kindes genau zu beobachten und angemessen darauf zu reagieren.

ÜBUNG **1** *Einen Zeitpunkt finden und sich Ziele für die praktische Übung setzen*

> Wählen Sie einen Zeitpunkt aus, an dem Sie 20 Minuten Zeit für eine praktische Übung haben.
>
> Tag: .... Datum: .... Uhrzeit: ....
>
> Schreiben Sie hier Ihre Ziele für die praktische Übung auf:
>
> ....
>
> ....

Eine praktische Übung entwerfen

Denken Sie darüber nach, wie Sie die praktische Übung planen können, damit Sie Ihre Ziele möglichst erreichen. Wenn Sie zum Beispiel nach Gelegenheiten suchen, um Ihr Kind zu loben, ist es am besten, wenn Sie Ihrem Kind zumindest zeitweise die Aufmerksamkeit entziehen. So können Sie es dann dafür loben, wenn es alleine spielt. Wenn es Ihr Ziel ist, klare und ruhige Anweisungen zu üben, dann sollten Sie Ihre praktische Übung zu einem Zeitpunkt durchführen, zu dem Sie Ihrem Kind mit großer Wahrscheinlichkeit eine Anweisung geben müssen. Zum Beispiel morgens, wenn es darum geht, sich fertig zu machen, um das Haus zu verlassen. Dann müssen Sie Ihrem Kind vielleicht sagen, dass es sich anziehen, seine Haare kämmen und seine Zähne putzen soll.

Um die Strategien zum Umgang mit Problemverhalten zu üben, sollten Sie eine Tageszeit wählen, zu der mit großer Wahrscheinlichkeit irgendwelche Probleme auftreten werden. Oft reicht es schon, dem Kind seine Aufmerksamkeit dadurch zu entziehen, dass Sie beschäftigt sind und Ihr Kind selbstständig spielen muss.

> Schreiben Sie auf, wie die 20 Minuten der praktischen Übung ablaufen sollen (z.B. *Ich werde mit der Übung abends um 19.00 Uhr beginnen, wenn Tim sich fertig machen soll, um ins Bett zu gehen. Dann werde ich die Gelegenheit haben, vier oder fünf klare, direkte Anweisungen zu geben.*).

Beobachten Sie sich selbst

Wenn Sie sich Ziele gesetzt und die praktische Übung geplant haben, können Sie mit der praktischen Übung beginnen. Vielleicht hilft es Ihnen, sich einen Wecker zu stellen (evtl. den Wecker des Herdes oder der Mikrowelle), damit Sie wissen, wann die 20 Minuten um sind oder wann Sie eine Handlung unterbrechen wollten, um etwas anderes zu tun.

ÜBUNG **3** *Sich selbst beobachten und bewerten*

> Während der praktischen Übung sollten Sie genau darauf achten, ob Sie Ihre Ziele erreichen. Vielleicht finden Sie es hilfreich, für Ihre praktische Übung den Beobachtungsbogen und die übrigen Checklisten auf den folgenden Seiten zu verwenden. Die Checklisten sollen Sie im Umgang mit typischen Problemen unterstützen und Sie an die notwendigen Schritte erinnern. Sie können aber auch nach der Übung auf die Bögen zurückgreifen, um zu sehen, wie gut Ihre Übung geklappt hat. Die Bögen helfen Ihnen herauszufinden, welche Schritte Sie gut gemacht haben und welche Schritte Sie vielleicht vergessen haben oder noch üben müssen. Dies hilft Ihnen dabei, neue Ziele aufzustellen. Sie können die Bögen auch zu anderen Zeitpunkten einsetzen, falls eines der genannten Probleme auftritt. Weitere Kopien der Bögen finden Sie am Ende des Buches im Abschnitt „Arbeitsblätter".

Anleitung: Notieren Sie Ihre Ziele für die praktische Übung. Formulieren Sie diese so konkret wie möglich. Verwenden Sie die folgende Tabelle, um zu notieren, ob Sie Ihr Ziel erreicht haben. Beschreiben Sie, was gut geklappt hat und auch, ob Schwierigkeiten aufgetreten sind.

ZIEL 1:
....

ZIEL 2:
....

ZIEL 3:
....

Woche 5

	Ziel erreicht? J / N	Kommentare
ZIEL 1		
ZIEL 2		
ZIEL 3		

CHECKLISTE: UMGANG MIT UNTERBRECHUNGEN

Anleitung: Falls häufige Unterbrechungen für Sie ein Problem darstellen, können Sie diese Checkliste verwenden. Wenn Ihr Kind ein Gespräch zwischen Ihnen und Ihrem Partner stört oder Sie bei einer anderen Tätigkeit unterbricht, sollten Sie für jeden der folgenden Schritte aufschreiben, ob Sie ihn durchgeführt haben (J) oder nicht (N) bzw. ob der Schritt nicht anwendbar war (NA).

Schritte	Tag				
	Schritte durchgeführt?				
1. Gewinnen Sie die Aufmerksamkeit Ihres Kindes.					
2. Sagen Sie ihm, womit es aufhören soll und was es stattdessen tun soll: *Unterbrich mich nicht! Sag kurz „Mama, …" und warte, bis ich Zeit habe.*					
3. Loben Sie Ihr Kind, wenn es tut, worum Sie es gebeten haben.					
4. Wenn Ihr Kind nicht tut, worum Sie es gebeten haben, erklären Sie ihm, was das Problem ist: *Du hast mich wieder unterbrochen* und nennen Sie ihm die Konsequenz: *Geh' jetzt für eine Minute in die stille Zeit.* Bringen Sie Ihr Kind in die stille Zeit, falls es nötig ist. Streiten oder diskutieren Sie nicht mit Ihrem Kind darüber.					
5. Wenn sich Ihr Kind in der stillen Zeit nicht ruhig verhält, sagen Sie ihm, was es falsch gemacht hat: *Du warst in der stillen Zeit nicht ruhig* und nennen Sie ihm die Konsequenz: *Geh' jetzt für eine Minute in die Auszeit.* Bringen Sie Ihr Kind sofort in die Auszeit.					
6. Wenn Ihr Kind in der stillen Zeit oder in der Auszeit während der festgelegten Zeit ruhig war, holen Sie es zurück und bieten Sie ihm eine Beschäftigung an.					
7. Loben Sie Ihr Kind so bald wie möglich, wenn es angemessenes Verhalten zeigt.					
Anzahl korrekt durchgeführter Schritte					

5

Woche

CHECKLISTE:
STREITEREIEN UND AUSEINANDERSETZUNGEN MIT ANDEREN KINDERN

Anleitung: Wenn Ihr Kind mit anderen streitet, nicht teilen oder sich beim Spielen nicht abwechseln will, sollten Sie für jeden der folgenden Schritte aufschreiben, ob Sie ihn durchgeführt haben (J) oder nicht (N) bzw. ob der Schritt nicht anwendbar war (NA).

Schritte	Tag				
	Schritte durchgeführt?				
1. Gewinnen Sie die Aufmerksamkeit der Kinder.					
2. Sagen Sie ihnen, womit sie aufhören sollen und was sie stattdessen tun sollen: *Hört auf, euch um das Auto zu streiten. Wechselt euch bitte ab!*					
3. Loben Sie die Kinder, wenn sie tun, worum Sie sie gebeten haben.					
4. Wenn das Problem weiter besteht, erklären Sie ihnen, was das Problem ist: *Ihr habt nicht aufgehört, euch zu streiten* und nennen Sie ihnen die Konsequenz: *Deshalb nehme ich euch das Auto jetzt für fünf Minuten weg.* Streiten oder diskutieren Sie nicht mit den Kindern über diesen Punkt.					
5. Wenn die Kinder protestieren oder jammern, setzen Sie absichtliches Ignorieren ein.					
6. Geben Sie ihnen das Spielzeug zurück, wenn die Zeit vorbei ist.					
7. Loben Sie die Kinder so bald wie möglich dafür, dass sie sich angemessen verhalten.					
8. Wenn das Problem erneut auftritt, wiederholen Sie die logische Konsequenz für einen längeren Zeitraum oder setzen Sie die stille Zeit ein.					
Anzahl korrekt durchgeführter Schritte					

Anleitung: Wenn Ihr Kind aggressives Verhalten zeigt, sollten Sie für jeden der folgenden Schritte aufschreiben, ob Sie ihn durchgeführt haben (J) oder nicht (N) bzw. ob der Schritt nicht anwendbar war (NA).

Schritte	Tag				
	Schritte durchgeführt?				
1. Gewinnen Sie die Aufmerksamkeit Ihres Kindes.					
2. Sagen Sie ihm, womit es aufhören soll und was es stattdessen tun soll: *Hör´ auf, zu treten. Behalte deine Füße bei dir!*					
3. Loben Sie Ihr Kind, wenn es tut, worum Sie es gebeten haben.					
4. Wenn Ihr Kind nicht tut, worum Sie gebeten haben, erklären Sie ihm, was das Problem ist: *Du trittst immer noch* und nennen Sie ihm die Konsequenz: *Geh' jetzt für eine Minute in die stille Zeit.* Bringen Sie Ihr Kind in die stille Zeit, falls es nötig ist. Streiten oder diskutieren Sie nicht mit Ihrem Kind darüber.					
5. Wenn sich Ihr Kind in der stillen Zeit nicht ruhig verhält, sagen Sie ihm, was es falsch gemacht hat: *Du warst in der stillen Zeit nicht ruhig* und nennen Sie ihm die Konsequenz: *Geh' jetzt für eine Minute in die Auszeit.* Bringen Sie Ihr Kind sofort in die Auszeit.					
6. Wenn Ihr Kind in der stillen Zeit oder in der Auszeit für die vorgeschriebene Zeit ruhig war, holen Sie es zurück und bieten Sie ihm eine Beschäftigung an.					
7. Loben Sie Ihr Kind so bald wie möglich, wenn es angemessenes Verhalten zeigt.					
Anzahl korrekt durchgeführter Schritte					

5 Woche

Anleitung: Wenn Ihr Kind einen Wutanfall bekommt, sollten Sie für jeden der folgenden Schritte aufschreiben, ob Sie ihn durchgeführt haben (J) oder nicht (N) bzw. ob der Schritt nicht anwendbar war (NA).

Schritte	Tag				
Schritte	**Schritte durchgeführt?**				
Entweder: A) Wenden Sie absichtliches Ignorieren bei Kleinkindern unter zwei Jahren an. Oder: B) Gewinnen Sie so gut es geht die Aufmerksamkeit Ihres Kindes und befolgen Sie diese Schritte:					
1. Sagen Sie ihm, womit es aufhören soll und was es stattdessen tun soll: *Hör´ sofort auf, zu schreien. Sprich mit ruhiger Stimme!*					
2. Loben Sie Ihr Kind, wenn es tut, worum Sie es gebeten haben.					
3. Wenn Ihr Kind nicht tut, worum Sie gebeten haben, erklären Sie ihm, was das Problem ist: *Du hast nicht getan, worum ich dich gebeten habe* und nennen Sie ihm die Konsequenz: *Deshalb musst du jetzt in die Auszeit gehen.* Streiten oder diskutieren Sie nicht mit Ihrem Kind über diesen Punkt. Bringen Sie Ihr Kind sofort in die Auszeit.					
4. Wenn Ihr Kind in der Auszeit für die vorgeschriebene Zeit ruhig geblieben ist, holen Sie es zurück und bieten Sie ihm eine Beschäftigung an.					
5. Loben Sie Ihr Kind so bald wie möglich, wenn es angemessenes Verhalten zeigt.					
Anzahl korrekt durchgeführter Schritte					

Woche 5

Anleitung: Wenn Ihr Kind quengelt oder jammert, sollten Sie für jeden der folgenden Schritte aufschreiben, ob Sie ihn durchgeführt haben (J) oder nicht (N) bzw. ob der Schritt nicht anwendbar war (NA).

Schritte	Tag					
	Schritte durchgeführt?					
1. Gewinnen Sie die Aufmerksamkeit Ihres Kindes.						
2. Sagen Sie ihm, womit es aufhören soll und was es stattdessen tun soll: *Hör´ auf, um ein Stück Kuchen zu betteln. Frag´ mich bitte mit normaler Stimme.*						
3. Loben Sie Ihr Kind, wenn es tut, worum Sie es gebeten haben.						
4. Wenn Ihr Kind nicht tut, worum Sie es gebeten haben, erklären Sie ihm, was es falsch gemacht hat: *Du hast nicht mit normaler Stimme gefragt* und nennen Sie ihm die Konsequenz: *Deshalb stelle ich den Kuchen jetzt für fünf Minuten weg. Danach darfst du mich noch einmal fragen.* Streiten oder diskutieren Sie nicht mit Ihrem Kind über diesen Punkt.						
5. Wenn Ihr Kind protestiert oder jammert, setzen Sie absichtliches Ignorieren ein.						
6. Wenn die Zeit vorbei ist und Ihr Kind nicht mehr jammert, sollten Sie es loben und ihm die Möglichkeit geben, noch einmal mit normaler Stimme um das zu bitten, was es haben möchte.						
7. Wenn Ihr Kind Sie dann in ruhigem Ton bittet, loben Sie es und antworten Sie ihm.						
8. Wenn das Problem erneut auftritt, wiederholen Sie die logische Konsequenz für einen längeren Zeitraum oder setzen Sie die stille Zeit ein.						
Anzahl korrekt durchgeführter Schritte						

5 Woche

Bewerten Sie die Durchführung Ihrer Übung

Nehmen Sie sich nach der 20-minütigen Übung etwas Zeit, um darüber nachzudenken, was Sie gut gemacht haben, und ob es etwas gibt, was Sie beim nächsten Mal anders machen möchten. Benutzen Sie Ihre ausgefüllten Checklisten als Hilfe für die Übung 4.

ÜBUNG **4** *Bewertung der praktischen Übung*

Was haben Sie Ihrer Meinung nach bei der praktischen Übung gut gemacht? Versuchen Sie, zunächst mindestens zwei Punkte aufzuschreiben, die gut geklappt haben (z.B. *Ich bin ruhig geblieben und habe klare, direkte Anweisungen gegeben. Ich habe Tim beschreibend gelobt, als er meine Anweisung befolgt hat und habe ihm erklärt, warum er in die stille Zeit musste, als er nicht tat, wozu ich ihn aufgefordert hatte.*). Beziehen Sie sich dabei auf die Ziele, die Sie in der Übung 1 aufgestellt haben. Welche Ziele haben Sie erreicht?

_____

_____

_____

_____

_____

_____

_____

_____

_____

Was war schwierig? Was hätten Sie Ihrer Meinung nach anders machen können, damit die Übung noch besser verlaufen wäre? Überlegen Sie sich ein oder zwei konkrete Dinge, die Sie gerne anders machen würden, falls Sie die Übung noch einmal wiederholen würden (z. B. *Ich sollte aufhören, meine Anweisungen mehrmals zu wiederholen, und eine Konsequenz folgen lassen, wenn ich eine Anweisung das zweite Mal gegeben habe. Ich sollte durchsetzen, was ich mir vorgenommen habe und ich werde nicht mit Tim über die Konsequenzen diskutieren.*). Denken Sie an die Ziele, die Sie sich in der Übung 1 gesetzt haben. Gibt es ein Ziel, das Sie nicht erreicht haben?

_____

_____

_____

_____

_____

_____

_____

_____

Sie können hier auch noch weitere Aspekte notieren, die für Sie während der praktischen Übung wichtig waren.

Zusammenfassung der Inhalte

In dieser Woche hatten Sie erneut die Gelegenheit, die positiven Erziehungsstrategien im Rahmen einer praktischen Übung auszuprobieren. Sie haben außerdem über den Gebrauch der Strategien Buch geführt und konnten so Ihre Stärken und Schwächen erkennen, um sich Ziele für Veränderungen zu setzen.

◼ PRAKTISCHE ÜBUNG

- Machen Sie sich eine Liste der Strategien, die Sie für den Rest der Woche üben wollen. Formulieren Sie spezifische Ziele und berücksichtigen Sie dabei Ihre Schwächen, die Sie im Laufe der praktischen Übung erkannt haben (z.B. Anweisungen nur noch zweimal geben und dann eine Konsequenz folgen lassen, wenn Tim die Anweisung nicht befolgt und nicht mit Tim darüber diskutieren).

Es ist sinnvoll, das Verhalten Ihres Kindes weiterhin im Auge zu behalten. Sie müssen sich nun entscheiden, ob Sie dasselbe Verhalten weiter beobachten möchten. Benutzen Sie Ihre Verhaltenskurve als Entscheidungshilfe. Eine gute Daumenregel besagt, dass Sie aufhören können, ein Verhalten zu beobachten, wenn Sie mit dem Verhalten zufrieden sind und das Verhalten an mindestens fünf aufeinanderfolgenden Tagen stabil gewesen ist. Sie können dann dazu übergehen, ein anderes Zielverhalten zu beobachten.

Um die Inhalte dieses Kapitels zu wiederholen, können Sie sich die Ausschnitte „Förderung der kindlichen Entwicklung" und „Umgang mit Problemverhalten" aus dem Video „Überlebenshilfe für Eltern" ansehen oder sich mit anderen Triple P-Materialien beschäftigen.

Themen der nächsten Woche

In der nächsten Woche werden Sie wieder Gelegenheit haben, Ihren Einsatz der positiven Erziehungsstrategien im Rahmen einer strukturierten praktischen Übung zu beobachten. Sie werden außerdem wieder dazu angeregt werden, Ihre Stärken und Schwächen zu identifizieren und sich neue Ziele für Veränderungen zu setzen.

Gebrauch von positiven Erziehungsstrategien 3

Überblick

Dies ist die dritte und letzte Woche, in der Sie eine praktische Übung durchführen sollen, um die positiven Erziehungsstrategien zu üben. Planen Sie eine zwanzigminütige Zeitspanne ein, um die Übung durchzuführen. Die Ziele dieser Woche werden in der Regel mit den Fertigkeiten in Zusammenhang stehen, die Sie selbst nach der letzten Übung verändern wollten. Sie sollen auch in dieser Woche wieder Ihre Durchführung der Übung genau beobachten, Ihre Stärken und Schwächen identifizieren und sich neue Veränderungsziele für die Zukunft setzen. Bevor Sie zur siebten Woche übergehen, sollten Sie die Strategien logische Konsequenzen, stille Zeit und/oder Auszeit effektiv zu Hause einsetzen können. Wenn Sie merken, dass der Einsatz dieser Strategien nach der sechsten Woche noch nicht richtig funktioniert, sollten Sie zunächst weitere praktische Übungen durchführen oder professionelle Hilfe aufsuchen.

Ziele

Am Ende der sechsten Woche sollten Sie in der Lage sein,
- positive Erziehungsstrategien bei Ihrem Kind erfolgreich anzuwenden.
- Ihr Verhalten beim Gebrauch der Strategien genau zu beobachten.
- Ihre Stärken und Schwächen beim Gebrauch der Strategien zu identifizieren.
- sich Ziele für weitere praktische Übungen zu setzen.

Einen Einstieg finden

Wählen Sie für Ihre praktische Übung wieder eine Zeit, in der Sie mit Ihrem Kind zu Hause sind. Sie sollten sich während dieser Zeit ungefähr 20 Minuten lang mit Ihrem Kind im gleichen Raum aufhalten können, ohne dabei von anderen gestört zu werden. Setzen Sie sich einige Ziele, die Sie während der Übung erreichen möchten. Vielleicht finden Sie es hilfreich, auf der Seite 95 nachzusehen, welche Ziele Sie sich nach der letzten praktischen Übung gesetzt hatten.

Denken Sie daran, dass Ihre Ziele so spezifisch wie möglich formuliert sein sollten (z.B. *Ich werde beschreibend loben, wenn Tim meine Anweisungen befolgt. Ich werde Anweisungen nicht häufiger als zweimal geben, sondern, wenn nötig, eine Konsequenz folgen lassen und über diese nicht mit Tim diskutieren.*).

Denken Sie daran, dass es besser ist, für die Dauer der praktischen Übung den Fernseher auszustellen und nicht zu telefonieren. Sie werden so mehr Möglichkeiten haben, mit Ihrem Kind in Kontakt zu treten. Sie sollten sich außerdem möglichst während der gesamten Übung im gleichen Raum wie Ihr Kind aufhalten. Das gibt Ihnen die Möglichkeit, das Verhalten Ihres Kindes genau zu beobachten und angemessen darauf zu reagieren.

ÜBUNG 1 *Einen Zeitpunkt finden und sich Ziele für die praktische Übung setzen*

Wählen Sie einen Zeitpunkt aus, an dem Sie 20 Minuten Zeit für eine praktische Übung haben.

Tag: .... Datum: .... Uhrzeit: ....

Schreiben Sie hier Ihre Ziele für die praktische Übung auf:

....

....

....

....

Eine praktische Übung entwerfen

Denken Sie darüber nach, wie Sie die praktische Übung planen können, damit Sie Ihre Ziele möglichst erreichen. Wenn Sie zum Beispiel nach Gelegenheiten suchen, um Ihr Kind zu loben, ist es am besten, wenn Sie Ihrem Kind zumindest zeitweise die Aufmerksamkeit entziehen. So können Sie es dann dafür loben, wenn es alleine spielt. Wenn es Ihr Ziel ist, klare und ruhige Anweisungen zu üben, dann sollten Sie Ihre praktische Übung zu einem Zeitpunkt durchführen, zu dem Sie Ihrem Kind mit großer Wahrscheinlichkeit eine Anweisung geben müssen. Um die Strategien zum Umgang mit Problemverhalten zu üben, sollten Sie eine Tageszeit wählen, zu der mit großer Wahrscheinlichkeit irgendwelche Probleme auftreten werden. Oft reicht es schon, dem Kind seine Aufmerksamkeit dadurch zu entziehen, dass Sie beschäftigt sind und Ihr Kind selbstständig spielen muss.

Schreiben Sie auf, wie die 20 Minuten der praktischen Übung ablaufen sollen (z.B. *Zwischen 17.00 Uhr und 17.30 Uhr ist ein guter Zeitpunkt, weil die Kinder am späten Nachmittag meist Schwierigkeiten haben, beim Spielen nett miteinander umzugehen und sich weiterhin selbstständig zu beschäftigen. Ich werde damit beschäftigt sein, das Abendbrot vorzubereiten und die Kinder sollen mir dabei helfen.*).

Beobachten Sie sich selbst

Wenn Sie sich Ziele gesetzt und die praktische Übung geplant haben, können Sie beginnen. Vielleicht hilft es Ihnen, sich einen Wecker zu stellen (evtl. den Wecker des Herdes oder der Mikrowelle), damit Sie wissen, wann die 20 Minuten um sind oder wann Sie eine Handlung unterbrechen wollten, um etwas anderes zu tun.

ÜBUNG **3** *Sich selbst beobachten und bewerten*

Während der praktischen Übung sollten Sie genau darauf achten, ob Sie Ihre Ziele erreichen. Vielleicht finden Sie es hilfreich, für Ihre praktische Übung den Beobachtungsbogen und die übrigen Checklisten auf den folgenden Seiten zu verwenden. Die Checklisten sollen Sie im Umgang mit typischen Problemen unterstützen und Sie an die notwendigen Schritte erinnern. Sie können aber auch nach der Übung auf die Bögen zurückgreifen, um zu sehen, wie gut Ihre Übung geklappt hat. Die Bögen helfen Ihnen herauszufinden, welche Schritte Sie gut gemacht haben und welche Schritte Sie vielleicht vergessen haben oder noch üben müssen. Dies hilft Ihnen dabei, neue Ziele aufzustellen. Sie können die Bögen auch zu anderen Zeitpunkten einsetzen, falls eines der genannten Probleme auftritt. Weitere Kopien der Bögen finden Sie am Ende des Buches im Abschnitt „Arbeitsblätter".

Woche 6

CHECKLISTE FÜR DIE PRAKTISCHE ÜBUNG

Anleitung: Notieren Sie Ihre Ziele für die praktische Übung. Formulieren Sie diese so konkret wie möglich. Verwenden Sie die folgende Tabelle, um zu notieren, ob Sie Ihr Ziel erreicht haben. Beschreiben Sie, was gut geklappt hat und auch, ob Schwierigkeiten aufgetreten sind.

ZIEL 1:

ZIEL 2:

ZIEL 3:

	Ziel erreicht? J / N	Kommentare
ZIEL 1		
ZIEL 2		
ZIEL 3		

CHECKLISTE: UMGANG MIT UNTERBRECHUNGEN

Anleitung: Falls häufige Unterbrechungen für Sie ein Problem darstellen, können Sie diese Checkliste verwenden. Wenn Ihr Kind ein Gespräch zwischen Ihnen und Ihrem Partner stört oder Sie bei einer anderen Tätigkeit unterbricht, sollten Sie für jeden der folgenden Schritte aufschreiben, ob Sie ihn durchgeführt haben (J) oder nicht (N) bzw. ob der Schritt nicht anwendbar war (NA).

Schritte	Tag				
	Schritte durchgeführt?				
1. Gewinnen Sie die Aufmerksamkeit Ihres Kindes.					
2. Sagen Sie ihm, womit es aufhören soll und was es stattdessen tun soll: *Unterbrich mich nicht! Sag kurz „Mama, …" und warte, bis ich Zeit habe.*					
3. Loben Sie Ihr Kind, wenn es tut, worum Sie es gebeten haben.					
4. Wenn Ihr Kind nicht tut, worum Sie es gebeten haben, erklären Sie ihm, was das Problem ist: *Du hast mich wieder unterbrochen* und nennen Sie ihm die Konsequenz: *Geh' jetzt für eine Minute in die stille Zeit.* Bringen Sie Ihr Kind in die stille Zeit, falls es nötig ist. Streiten oder diskutieren Sie nicht mit Ihrem Kind darüber.					
5. Wenn sich Ihr Kind in der stillen Zeit nicht ruhig verhält, sagen Sie ihm, was es falsch gemacht hat: *Du warst in der stillen Zeit nicht ruhig* und nennen Sie ihm die Konsequenz: *Geh' jetzt für eine Minute in die Auszeit.* Bringen Sie Ihr Kind sofort in die Auszeit.					
6. Wenn Ihr Kind in der stillen Zeit oder in der Auszeit während der festgelegten Zeit ruhig war, holen Sie es zurück und bieten Sie ihm eine Beschäftigung an.					
7. Loben Sie Ihr Kind so bald wie möglich, wenn es angemessenes Verhalten zeigt.					
Anzahl korrekt durchgeführter Schritte					

6 Woche

CHECKLISTE:
STREITEREIEN UND AUSEINANDERSETZUNGEN MIT ANDEREN KINDERN

Anleitung: Wenn Ihr Kind mit anderen streitet, nicht teilen oder sich beim Spielen nicht abwechseln will, sollten Sie für jeden der folgenden Schritte aufschreiben, ob Sie ihn durchgeführt haben (J) oder nicht (N) bzw. ob der Schritt nicht anwendbar war (NA).

Schritte	Tag				
	Schritte durchgeführt?				
1. Gewinnen Sie die Aufmerksamkeit der Kinder.					
2. Sagen Sie ihnen, womit sie aufhören sollen und was sie stattdessen tun sollen: *Hört auf, euch um das Auto zu streiten. Wechselt euch bitte ab!*					
3. Loben Sie die Kinder, wenn sie tun, worum Sie sie gebeten haben.					
4. Wenn das Problem weiter besteht, erklären Sie ihnen, was das Problem ist: *Ihr habt nicht aufgehört, euch zu streiten* und nennen Sie ihnen die Konsequenz: *Deshalb nehme ich euch das Auto jetzt für fünf Minuten weg.* Streiten oder diskutieren Sie nicht mit den Kindern über diesen Punkt.					
5. Wenn die Kinder protestieren oder jammern, setzen Sie absichtliches Ignorieren ein.					
6. Geben Sie ihnen das Spielzeug zurück, wenn die Zeit vorbei ist.					
7. Loben Sie die Kinder so bald wie möglich dafür, dass sie sich angemessen verhalten.					
8. Wenn das Problem erneut auftritt, wiederholen Sie die logische Konsequenz für einen längeren Zeitraum oder setzen Sie die stille Zeit ein.					
Anzahl korrekt durchgeführter Schritte					

Woche 6

Triple P-Elternarbeitsbuch

Anleitung: Wenn Ihr Kind aggressives Verhalten zeigt, sollten Sie für jeden der folgenden Schritte aufschreiben, ob Sie ihn durchgeführt haben (J) oder nicht (N) bzw. ob der Schritt nicht anwendbar war (NA).

Schritte	Tag – Schritte durchgeführt?				
1. Gewinnen Sie die Aufmerksamkeit Ihres Kindes.					
2. Sagen Sie ihm, womit es aufhören soll und was es stattdessen tun soll: *Hör´ auf, zu treten. Behalte deine Füße bei dir!*					
3. Loben Sie Ihr Kind, wenn es tut, worum Sie es gebeten haben.					
4. Wenn Ihr Kind nicht tut, worum Sie gebeten haben, erklären Sie ihm, was das Problem ist: *Du trittst immer noch* und nennen Sie ihm die Konsequenz: *Geh' jetzt für eine Minute in die stille Zeit.* Bringen Sie Ihr Kind in die stille Zeit, falls es nötig ist. Streiten oder diskutieren Sie nicht mit Ihrem Kind darüber.					
5. Wenn sich Ihr Kind in der stillen Zeit nicht ruhig verhält, sagen Sie ihm, was es falsch gemacht hat: *Du warst in der stillen Zeit nicht ruhig* und nennen Sie ihm die Konsequenz: *Geh' jetzt für eine Minute in die Auszeit.* Bringen Sie Ihr Kind sofort in die Auszeit.					
6. Wenn Ihr Kind in der stillen Zeit oder in der Auszeit während der festgelegten Zeit ruhig war, holen Sie es zurück und bieten Sie ihm eine Beschäftigung an.					
7. Loben Sie Ihr Kind so bald wie möglich, wenn es angemessenes Verhalten zeigt.					
Anzahl korrekt durchgeführter Schritte					

Woche 6

Anleitung: Wenn Ihr Kind einen Wutanfall bekommt, sollten Sie für jeden der folgenden Schritte aufschreiben, ob Sie ihn durchgeführt haben (J) oder nicht (N) bzw. ob der Schritt nicht anwendbar war (NA).

	Tag				
Schritte	**Schritte durchgeführt?**				
Entweder: A) Wenden Sie absichtliches Ignorieren bei Klein-kindern unter zwei Jahren an. Oder: B) Gewinnen Sie so gut es geht die Aufmerksam-keit Ihres Kindes und befolgen Sie diese Schritte:					
1. Sagen Sie ihm, womit es aufhören soll und was es stattdessen tun soll: *Hör´ sofort auf, zu schreien. Sprich mit ruhiger Stimme!*					
2. Loben Sie Ihr Kind, wenn es tut, worum Sie es gebeten haben.					
3. Wenn Ihr Kind nicht tut, worum Sie ge-beten haben, erklären Sie ihm, was das Problem ist: *Du hast nicht getan, worum ich dich gebeten habe* und nennen Sie ihm die Konsequenz: *Deshalb musst du jetzt in die Auszeit gehen.* Streiten oder diskutieren Sie nicht mit Ihrem Kind über diesen Punkt. Bringen Sie Ihr Kind sofort in die Auszeit.					
4. Wenn Ihr Kind in der Auszeit für die vor-geschriebene Zeit ruhig geblieben ist, holen Sie es zurück und bieten Sie ihm eine Beschäftigung an.					
5. Loben Sie Ihr Kind so bald wie möglich, wenn es angemessenes Verhalten zeigt.					
Anzahl korrekt durchgeführter Schritte					

6
Woche

Anleitung: Wenn Ihr Kind quengelt oder jammert, sollten Sie für jeden der folgenden Schritte aufschreiben, ob Sie ihn durchgeführt haben (J) oder nicht (N) bzw. ob der Schritt nicht anwendbar war (NA).

	Tag				
Schritte	**Schritte durchgeführt?**				
1. Gewinnen Sie die Aufmerksamkeit Ihres Kindes.					
2. Sagen Sie ihm, womit es aufhören soll und was es stattdessen tun soll: *Hör´ auf, um ein Stück Kuchen zu betteln. Frag´ mich bitte mit normaler Stimme.*					
3. Loben Sie Ihr Kind, wenn es tut, worum Sie es gebeten haben.					
4. Wenn Ihr Kind nicht tut, worum Sie es gebeten haben, erklären Sie ihm, was es falsch gemacht hat: *Du hast nicht mit normaler Stimme gefragt* und nennen Sie ihm die Konsequenz: *Deshalb stelle ich den Kuchen jetzt für fünf Minuten weg. Danach darfst du mich noch einmal fragen.* Streiten oder diskutieren Sie nicht mit Ihrem Kind über diesen Punkt.					
5. Wenn Ihr Kind protestiert oder jammert, setzen Sie absichtliches Ignorieren ein.					
6. Wenn die Zeit vorbei ist und Ihr Kind nicht mehr jammert, sollten Sie es loben und ihm die Möglichkeit geben, noch einmal mit normaler Stimme um das zu bitten, was es haben möchte.					
7. Wenn Ihr Kind Sie dann in ruhigem Ton bittet, loben Sie es und antworten Sie ihm.					
8. Wenn das Problem erneut auftritt, wiederholen Sie die logische Konsequenz für einen längeren Zeitraum oder setzen Sie die stille Zeit ein.					
Anzahl korrekt durchgeführter Schritte					

Woche 6

Bewerten Sie die Durchführung Ihrer Übung

Nehmen Sie sich nach der 20-minütigen Übung etwas Zeit, um darüber nachzudenken, was Sie gut gemacht haben, und ob es etwas gibt, was Sie beim nächsten Mal anders machen möchten. Benutzen Sie Ihre ausgefüllten Checklisten als Hilfe für die Übung 4.

ÜBUNG **4** *Bewertung der praktischen Übung*

Was haben Sie Ihrer Meinung nach bei der praktischen Übung gut gemacht? Versuchen Sie, zunächst mindestens zwei Punkte aufzuschreiben, die gut geklappt haben (z.B. *Ich bin ruhig geblieben und habe klare, direkte Anweisungen gegeben. Ich habe beschreibend gelobt, als Tim und Jonas meine Anweisung befolgt haben. Ich habe meine Anweisungen nur zweimal gegeben und eine Konsequenz folgen lassen, wenn meine Anweisungen nicht befolgt wurden.*). Beziehen Sie sich dabei auf die Ziele, die Sie in der Übung 1 aufgestellt hatten. Welche Ziele haben Sie erreicht?

_____

_____

_____

_____

_____

_____

_____

Was war schwierig? Was hätten Sie Ihrer Meinung nach anders machen können, damit die Übung noch besser verlaufen wäre? Überlegen Sie sich ein oder zwei konkrete Dinge, die Sie gerne anders machen würden, falls Sie die Übung noch einmal wiederholen (z.B. *Ich muss aufpassen, dass ich meine Anweisungen zur richtigen Zeit gebe, und zwar so, dass die Jungs mit ihrer Beschäftigung fertig sind, bevor ich meine Anweisung gebe.*). Denken Sie an die Ziele, die Sie sich in der Übung 1 gesetzt hatten. Gibt es ein Ziel, das Sie nicht erreicht haben?

_____

_____

_____

_____

_____

_____

_____

Sie können hier auch noch weitere Aspekte notieren, die für Sie während der praktischen Übung wichtig waren.

Abschluss

Zusammenfassung der Inhalte

In dieser Woche hatten Sie die Gelegenheit, die positiven Erziehungsstrategien im Rahmen einer praktischen Übung auszuprobieren. Sie haben außerdem über den Gebrauch der Strategien Buch geführt und konnten so Ihre Stärken und Schwächen erkennen, um sich Ziele für Veränderungen zu setzen.

▓ PRAKTISCHE ÜBUNG

- Machen Sie sich eine Liste der Strategien, die Sie für den Rest der Woche üben wollen. Formulieren Sie spezifische Ziele und berücksichtigen Sie dabei Ihre Schwächen, die Sie im Laufe der praktischen Übung erkannt haben (z.B. *Ich werde warten, bis die Kinder mit einer Beschäftigung fertig sind, bevor ich ihnen eine Anweisung gebe.*).

Es ist sinnvoll, das Verhalten Ihres Kindes weiterhin im Auge zu behalten. Sie müssen sich nun entscheiden, ob Sie dasselbe Verhalten weiter beobachten möchten. Benutzen Sie Ihre Verhaltenskurve als Entscheidungshilfe. Eine gute Daumenregel besagt, dass Sie aufhören können, ein Verhalten zu beobachten, wenn Sie mit dem Verhalten zufrieden sind und das Verhalten an mindestens fünf aufeinanderfolgenden Tagen stabil gewesen ist. Sie können dann dazu übergehen, ein anderes Zielverhalten zu beobachten.

Um die Inhalte dieses Kapitels zu wiederholen, können Sie sich die Ausschnitte „Förderung der kindlichen Entwicklung" und „Umgang mit Problemverhalten" aus dem Video „Überlebenshilfe für Eltern" ansehen oder sich mit anderen Triple P-Materialien beschäftigen.

Themen der nächsten Woche

In der siebten Woche werden wir Überlebenstipps für Familien kennen lernen, die Elternschaft etwas leichter machen sollen. Außerdem werden Sie Aktivitätenpläne kennen lernen, die Ihnen dabei helfen sollen, mit so genannten Risikosituationen umzugehen, also mit Situationen, in denen es besonders schwierig ist, auf das Verhalten der Kindern angemessen zu reagieren.

Vorausplanen

Woche 7

Überblick

Sie haben jetzt schon viele Anregungen für den Umgang mit problematischem Verhalten bekommen und möglicherweise auch bereits positive Veränderungen im Verhalten Ihres Kindes feststellen können. Trotzdem gibt es oft bestimmte Zeiten oder Situationen, in denen der Umgang mit dem Verhalten von Kindern besonders schwierig ist – so genannte „Risikosituationen". Probleme treten gewöhnlich in solchen Situationen auf, weil sie für Kinder langweilig sind. Einige bekannte risikoreiche Situationen sind z.B. Einkaufen gehen, Besuche machen, in einer Schlange warten oder lange Autofahrten. Für solche Situationen ist es daher besonders wichtig, vorauszuplanen. In der heutigen Sitzung werden Sie Überlebenstipps für Familien kennen lernen, und Sie werden Ideen erhalten, was Sie tun können, um die Wahrscheinlichkeit für Problemverhalten Ihres Kindes in Risikosituationen zu verringern.

Ziele

Am Ende der siebten Woche sollten Sie in der Lage sein,
- die „Überlebenstipps für Familien" zu nutzen, um Ihre Erziehungsaufgabe leichter zu machen.
- Risikosituationen zu Hause und in der Öffentlichkeit zu erkennen.
- die sechs Schritte zu nennen, die notwendig sind, um einen Aktivitätenplan zu erstellen (nämlich: Sich vorbereiten, Über Regeln sprechen, Sich interessante Beschäftigungen überlegen, Angemessenes Verhalten verstärken, Konsequenzen für Problemverhalten einsetzen, Eine Nachbesprechung durchführen).
- Ihren eigenen Aktivitätenplan für zwei Risikosituationen zu erstellen und einzusetzen.

Überlebenstipps für Familien

Es ist einfacher, den Bedürfnissen Ihres Kindes nachzukommen, wenn Sie Ihre eigenen Bedürfnisse nicht vernachlässigen. Hier sind einige Ideen, die Elternschaft leichter machen können:

Arbeiten Sie als Team zusammen

Erziehung ist leichter, wenn sich alle Bezugspersonen (Eltern, LehrerInnen, ErzieherInnen, ältere Geschwister, Großeltern etc.) in den Erziehungsfragen einig sind. Beide Eltern sollten sich gegenseitig bei der Erziehung unterstützen und dem Partner beistehen. Bevor Sie eine neue Strategie anwenden, besprechen Sie Ihr Vorhaben mit Ihrem Partner sowie mit anderen Personen, die Ihr Kind häufig betreuen.

Vermeiden Sie Streitigkeiten vor Ihrem Kind

Kinder reagieren sehr sensibel auf Streitigkeiten zwischen Erwachsenen. Es ist nicht gut für Ihr Kind, wenn Konflikte häufiger auftreten und nicht gelöst werden. Wenn Sie eine schwerwiegende Meinungsverschiedenheit haben, versuchen Sie, diese in Abwesenheit Ihres Kindes zu diskutieren.

Holen Sie sich Unterstützung

Alle Eltern brauchen manchmal Hilfe bei der Kindererziehung. Partner, Familienangehörige, Freunde und Nachbarn können gute Ansprechpartner sein, um Gedanken und Erfahrungen auszutauschen.

Gönnen Sie sich eine Pause

Auch Eltern brauchen manchmal Zeit für sich selbst - ohne Kinder. Das ist normal und gesund. Wenn Ihr Kind gut betreut wird und Sie regelmäßig wertvolle Zeit mit ihm verbringen, schadet es ihm nicht, wenn Sie sich von Zeit zu Zeit eine Pause gönnen. Entscheidend ist nicht die Dauer, sondern die Intensität und Qualität der von Eltern und Kindern gemeinsam verbrachten Zeit.

ÜBUNG 1 *Für sich selbst sorgen*

> Auf wen können Sie sich verlassen, wenn Sie Unterstützung brauchen?
>
> Familie: ....
>
> Freunde: ....
>
> Überlegen Sie sich, mit wem Sie mindestens einmal pro Woche sprechen oder telefonieren könnten.

Notieren Sie Dinge, die Sie gerne tun (entweder alleine, mit dem Partner oder mit Freunden).

Denken Sie darüber nach, wann Sie in der nächsten Woche mal eine Pause machen könnten und wen Sie anrufen könnten, um auf Ihr Kind aufzupassen.

Risikosituationen

Bei Risikosituationen handelt es sich um Situationen, in denen Sie das Verhalten Ihres Kindes immer noch als Herausforderung empfinden oder Sie das Gefühl haben, die Situation nicht kontrollieren zu können. Viele Eltern finden es schwierig, die positiven Strategien in Situationen anzuwenden, in denen sie mehrere Anforderungen gleichzeitig bewältigen müssen oder in denen sie in Eile sind. Schwierige Situationen sind auch solche, in denen das Erziehungsverhalten durch andere beobachtet werden kann (z.B. beim Einkaufen oder bei Besuchen), in denen Eltern sich nicht in der Lage fühlen, die üblichen Konsequenzen einzusetzen (z.B. weil kein Raum für die Auszeit zur Verfügung steht) oder die Kinder sehr wenig zu tun haben und sich deshalb schnell langweilen. Diese Situationen stellen für Eltern eine große Herausforderung dar und werden deshalb Risikosituationen genannt.

ÜBUNG ❷ *Risikoreiche Erziehungssituationen identifizieren*

Denken Sie an Situationen, die Sie zu Hause oder unterwegs besonders schwierig finden und setzen Sie hinter diese Situationen im folgenden Kasten einen Haken. Ganz unten gibt es Platz, um noch weitere Risikosituationen zu ergänzen.

SITUATIONEN ZU HAUSE

- aufwachen, aufstehen ☐
- sich anziehen ☐
- frühstücken, Mittag oder Abendbrot essen ☐
- sich waschen oder auf die Toilette gehen ☐
- wenn ich mit Hausarbeit beschäftigt bin ☐
- sich fertig machen, um wegzugehen (z.B. zur Schule, zum Einkaufen etc.) ☐
- wenn Besuch kommt ☐
- drinnen oder draußen selbstständig spielen ☐
- fernsehen ☐
- wenn ich telefoniere ☐
- wenn ich das Essen vorbereite ☐
- wenn die Geschwister aus der Schule kommen ☐
- wenn ein Elternteil von der Arbeit kommt ☐
- sich ausziehen und „bettfertig" machen ☐
- schlafen gehen ☐
- .... ☐
- .... ☐
- .... ☐

SITUATIONEN UNTERWEGS

- Freunde oder Verwandte besuchen ☐
- Familienausflüge (z.B. zum See) ☐
- Geburtstagsfeiern oder andere Feste ☐
- Hochzeiten/Taufen/Beerdigungen ☐
- Urlaub ☐
- Essengehen ☐
- Arzt- /Zahnarztbesuche ☐
- längere Autofahrten ☐
- mit öffentlichen Verkehrsmitteln reisen ☐
- im Supermarkt einkaufen ☐
- Stadtbummel ☐
- zur Bank gehen ☐
- wenn das Kind alleine bei der Tagesmutter/im Kindergarten/ beim Babysitter bleiben soll ☐
- .... ☐
- .... ☐
- .... ☐

Aktivitätenpläne

Sie können viele Probleme vermeiden, wenn Sie für Ihre persönlichen Risikosituationen vorausplanen. Die Strategie „Aktivitätenpläne" beinhaltet, sich im Vorfeld darüber Gedanken zu machen, wie Probleme gelöst werden können, damit Problemverhalten gar nicht erst auftritt. Die Kernidee dieser Strategie besteht darin, anregende und interessante Beschäftigungen für Ihr Kind in Situationen zu planen, in denen es sich sonst möglicherweise langweilt und deshalb z.B. quengelt oder etwas anstellt. Wenn Sie sich vorher überlegen, was Ihr Kind in diesen Situationen tun soll, können mögliche Probleme vermieden werden.

Zuerst sollten Sie Ihren Aktivitätenplan vielleicht in einer weniger schwierigen Übungssituation erproben. Überlegen Sie sich einen Zeitpunkt, an dem Sie die neue Strategie in einer persönlichen Risikosituation ausprobieren können, um Ihrem Kind zu zeigen, wie der Aktivitätenplan funktioniert. In dieser Situation sollten Sie möglichst nicht unter Zeitdruck stehen. Denken Sie darüber nach, wann Sie eine solche Übung durchführen könnten, wo diese stattfinden und wer dabei sein sollte. Setzen Sie sich zuerst einfache Ziele und arbeiten Sie sich dann an immer schwierigere Situationen heran (z.B. Einkaufen: Zuerst in einem kleinen Supermarkt, wenn es nicht zu voll ist, Sie nicht unter Zeitdruck stehen oder etwas ganz Bestimmtes unbedingt erledigen müssen; oder Besuche: Zuerst ein zehnminütiger Besuch bei Freunden, dann nach und nach längere Besuche).

Die folgenden Schritte stellen die Grundlage eines Aktivitätenplans zum Umgang mit Risikosituationen dar:

Bereiten Sie sich vor

Überlegen Sie vorher genau, was Sie alles für die Risikosituation vorbereiten können und halten Sie alles bereit, was Sie für die Situation benötigen werden (z.B. Aktivitäten/Beschäftigungsmaterial vorbereiten, eine Punktekarte malen, Sticker und kleine Belohnungen besorgen, am Tag vorher die Taschen packen und etwas zu Essen vorbereiten, um Hektik in letzter Minute zu vermeiden usw.). Planen Sie die Zeit für Ausflüge so, dass die tägliche Routine Ihres Kindes (z.B. Mahlzeiten und Schlafenszeiten) möglichst wenig gestört wird.

Sprechen Sie über Regeln

Bereiten Sie Ihr Kind auf die Situation vor. Erzählen Sie ihm, was Sie machen werden und legen Sie Regeln für angemessenes Verhalten während der Situation fest. Besprechen Sie diese Regeln vorher in Ruhe mit Ihrem Kind (z.B. Regeln für Autofahrten könnten sein: Die ganze Zeit angeschnallt bleiben; Ruhig sprechen; Füße und Hände bei sich behalten). Fragen Sie Ihr Kind, ob es alles verstanden hat und bitten Sie es, die Regeln zu wiederholen. Helfen Sie ihm, wenn nötig, und loben Sie es für seine Mitarbeit. Erinnern Sie Ihr Kind an die Regeln, kurz bevor Sie in die Situation gehen.

Überlegen Sie sich interessante Beschäftigungen

Sorgen Sie dafür, dass Ihr Kind während der Risikosituation beschäftigt ist. Machen Sie sich eine Liste spannender Aktivitäten, mit denen Sie Ihr Kind beschäftigen können. Ermutigen Sie Ihr Kind auch dazu, sich selbst Beschäftigungen auszusuchen und helfen Sie ihm dabei. Versuchen Sie, vorhandene Möglichkeiten für beiläufiges Lernen oder Gespräche mit Ihrem Kind zu nutzen (z.B. sprechen Sie mit Ihrem Kind und stellen Sie ihm Fragen, denken Sie sich kleine Rätsel aus, benennen Sie die Dinge, die Sie sehen, und spielen Sie Spiele wie „Ich sehe was, was Du nicht siehst").

Belohnen Sie angemessenes Verhalten

Überlegen Sie sich – möglichst gemeinsam mit Ihrem Kind - kleine Belohnungen, die Ihr Kind bekommt, wenn es sich an die Regeln hält. Die Belohnungen sollten leicht und schnell umsetzbar sein. Es kann sinnvoll sein, extra Punktekarten für bestimmte Risikosituationen zu erstellen, in denen es immer wieder Probleme gibt. Erklären Sie Ihrem Kind, welche Belohnungen es sich verdienen kann, wenn Sie ihm die Regeln erklären. Loben Sie Ihr Kind häufig für angemessenes Verhalten während der Risikosituation und geben Sie ihm die Belohnung, wenn es sich an die Regeln hält (z.B. eine kleine Süßigkeit an der Kasse oder auf dem Weg nach Hause eine Viertelstunde am Spielplatz anhalten).

Setzen Sie Konsequenzen für Problemverhalten ein

Überlegen Sie sich Konsequenzen für den Fall, dass Ihr Kind sich nicht an die Regeln hält, und erklären Sie ihm diese, wenn Sie über die Regeln sprechen. Achten Sie darauf, dass die Konsequenzen leicht und schnell durchführbar sind (z. B. eine logische Konsequenz beim Einkaufen könnte sein, dass Ihr Kind vor dem Geschäft warten muss; Stille Zeit in einem Geschäft könnte bedeuten, dass Ihr Kind für zwei Minuten ruhig neben Ihnen stehen muss; Auszeit bei eskalierendem Verhalten könnte im Auto stattfinden, während Sie davor warten).

Führen Sie eine Nachbesprechung durch

Wenn die Risikosituation vorbei ist, lassen Sie noch einmal Revue passieren, wie alles geklappt hat. Loben Sie Ihr Kind für das Einhalten der Regeln und nennen Sie ihm ggf. eine Regel, die es vergessen hat zu befolgen. Sprechen Sie auch über andere Dinge, von denen Sie oder Ihr Kind glauben, sie müssten verändert werden, und setzen Sie sich ein Ziel für das nächste Mal, wenn die gleiche Risikosituation auftritt (z.B. *Du hast das wirklich toll gemacht heute in der Bank, als du die ganze Zeit in meiner Nähe geblieben bist. Lass uns doch beim nächsten Mal sehen, ob du es auch schaffst, in der Bank ruhig zu sprechen.*).

Auf der nächsten Seite finden Sie ein Beispiel für einen Aktivitätenplan, das zeigt, wie die verschiedenen Schritte für eine bestimmte Situation zusammengehören.

DIE RISIKOSITUATION IDENTIFIZIEREN
- **Im Supermarkt Lebensmittel einkaufen**

EINE ÜBUNG PLANEN (WANN, WO, WER SOLLTE DABEI SEIN)
- **Dienstag nach der Mittagspause**
- **Ein kurzer Einkauf in einem kleinen Supermarkt, um Brot, Milch und Saft zu besorgen**
- **Nur Mama und ein Kind**

VORBEREITUNG
- **Verhindern, dass Schlaf- oder Essenszeiten durcheinander gebracht werden**
- **Kleinigkeit zum Essen und Trinken einpacken**
- **Einkaufsliste schreiben**

REGELN FESTLEGEN
- **In der Nähe des Einkaufswagens bleiben**
- **Nur Sachen anfassen, wenn Mama es sagt**
- **Die Gänge entlang gehen**

INTERESSANTE BESCHÄFTIGUNGEN
- **Eine eigene Einkaufsliste**
- **In jedem Gang Produkte suchen**
- **Sachen in den Einkaufswagen packen**
- **Über Farben, Preise, Formen oder Größen reden; Gänge zählen**
- **Meine Einkaufsliste, Schlüssel oder Brieftasche halten**

BELOHNUNGEN FÜR ANGEMESSENES VERHALTEN
- **Loben**
- **Den Einkaufswagen schieben**
- **Etwas allein mit mir unternehmen (z.B. einen Ausflug in den Park)**
- **Kleine Süßigkeit an der Kasse oder ein Eis vor dem Geschäft**
- **Punkte, die nach dem Einkaufen eingetauscht werden können**

KONSEQUENZEN FÜR PROBLEMVERHALTEN
- **Klare, direkte Anweisung, mit dem Problemverhalten aufzuhören und sagen, was das Kind stattdessen tun soll**
- **Stille Zeit im Gang, an der Kasse, auf dem Parkplatz**
- **Keine Belohnung**

ZIELE FÜR DAS NÄCHSTE MAL (AUS DER NACHBESPRECHUNG)
- **In der Nähe des Einkaufswagens bleiben**

Woche 7

ÜBUNG **3** *Aktivitätenpläne entwickeln*

> Nun haben Sie die Möglichkeit, einen eigenen Aktivitätenplan zu entwerfen. Auf der Seite 116 haben Sie Platz, um Ihre Ideen zu notieren. Nehmen Sie sich dafür eine der Risikosituationen vor, die Sie in der Liste auf der Seite 112 angekreuzt hatten.

RISIKOSITUATION

....

EINE ÜBUNG PLANEN

WANN: ....

WO: ....

WER: ....

VORBEREITUNG

....

....

....

REGELN FESTLEGEN

....

....

....

INTERESSANTE BESCHÄFTIGUNGEN

....

....

....

BELOHNUNGEN FÜR ANGEMESSENES VERHALTEN

....

....

....

KONSEQUENZEN FÜR PROBLEMVERHALTEN

....

....

....

ZIELE FÜR DAS NÄCHSTE MAL (AUS DER NACHBESPRECHUNG)

....

....

....

Zusammenfassung der Inhalte

In der heutigen Sitzung wurden Ihnen Überlebenstipps für Familien vorgestellt, die Ihnen helfen sollen, den Erziehungsalltag leichter zu machen. Außerdem wurden die sechs Schritte eines Aktivitätenplans für Risikosituationen besprochen:

- Sich vorbereiten
- Regeln festlegen
- Sich interessante Beschäftigungen überlegen
- Angemessenes Verhalten belohnen
- Konsequenzen für Problemverhalten einsetzen
- Eine Nachbesprechung durchführen

■ **PRAKTISCHE ÜBUNG**

- Wählen Sie zwei Ihrer eigenen Risikosituationen aus und entwickeln Sie für jede Situation einen Aktivitätenplan. Versuchen Sie, beide Aktivitätenpläne in der nächsten Woche mindestens einmal auszuprobieren und benutzen Sie dazu die Vorlagen auf den Seiten 119 und 120 sowie die Checklisten auf den Seiten 121 und 122. Notieren Sie die einzelnen Schritte in den Checklisten und schreiben Sie auf, ob Sie die Schritte durchlaufen haben oder nicht. Weitere Kopiervorlagen für die Aktivitätenpläne und die Checklisten finden Sie am Ende des Buches im Abschnitt „Arbeitsblätter". Schreiben Sie hier die zwei Risikosituationen auf, für die Sie diese Woche Aktivitätenpläne erstellen möchten.

Woche 7

Es ist sinnvoll, das Verhalten Ihres Kindes weiterhin im Auge zu behalten. Sie müssen sich nun entscheiden, ob Sie dasselbe Verhalten weiter beobachten möchten. Benutzen Sie Ihre Verhaltenskurve als Entscheidungshilfe. Eine gute Daumenregel besagt, dass Sie aufhören können, ein Verhalten zu beobachten, wenn Sie mit dem Verhalten zufrieden sind und das Verhalten an mindestens fünf aufeinanderfolgenden Tagen stabil gewesen ist. Sie können dann dazu übergehen, ein anderes Zielverhalten zu beobachten.

Wenn Sie Ratschläge suchen, um mit schwierigem Verhalten Ihres Kindes in Risikosituationen umgehen zu können, sollten Sie sich mit anderen Triple P-Materialien beschäftigen.

Themen der nächsten Woche

Die achte und neunte Woche sollen Ihnen dabei helfen, die Aktivitätenpläne, die Sie in dieser Woche kennen gelernt haben, weiter in die Tat umzusetzen. Sie werden dazu ermutigt werden, weitere Aktivitätenpläne für Risikosituationen zu entwickeln und anzuwenden, Ihre Erfolge zu bewerten sowie notwendige Verbesserungen vorzunehmen.

Woche 7

■ **PRAKTISCHE ÜBUNG**

AKTIVITÄTENPLAN

RISIKOSITUATION

EINE ÜBUNG PLANEN

WANN: ....

WO: ....

WER: ....

VORBEREITUNG

REGELN FESTLEGEN

INTERESSANTE BESCHÄFTIGUNGEN

BELOHNUNGEN FÜR ANGEMESSENES VERHALTEN

KONSEQUENZEN FÜR PROBLEMVERHALTEN

ZIELE FÜR DAS NÄCHSTE MAL (AUS DER NACHBESPRECHUNG)

Woche 1

AKTIVITÄTENPLAN

RISIKOSITUATION

....

EINE ÜBUNG PLANEN

WANN: ....

WO: ....

WER: ....

VORBEREITUNG

....

....

....

REGELN FESTLEGEN

....

....

....

INTERESSANTE BESCHÄFTIGUNGEN

....

....

....

BELOHNUNGEN FÜR ANGEMESSENES VERHALTEN

....

....

....

KONSEQUENZEN FÜR PROBLEMVERHALTEN

....

....

....

ZIELE FÜR DAS NÄCHSTE MAL (AUS DER NACHBESPRECHUNG)

....

....

....

Woche **1**

CHECKLISTE FÜR AKTIVITÄTENPLÄNE

Situation: _____

Anleitung: Immer wenn diese Situation auftritt, sollten Sie für jeden der Schritte aufschreiben, ob Sie ihn durchgeführt haben (J) oder nicht (N) bzw. ob der Schritt nicht anwendbar war (NA).

	Tag				
Schritte	**Schritte durchgeführt?**				
1					
2					
3					
4					
5					
6					
Anzahl der korrekt durchgeführten Schritte:					

7
Woche

CHECKLISTE FÜR AKTIVITÄTENPLÄNE

Situation: ....

Anleitung: Immer wenn diese Situation auftritt, sollten Sie für jeden der Schritte aufschreiben, ob Sie ihn durchgeführt haben (J) oder nicht (N) bzw. ob der Schritt nicht anwendbar war (NA).

Schritte	Tag				
	Schritte durchgeführt?				
1					
2					
3					
4					
5					
6					
Anzahl der korrekt durchgeführten Schritte:					

Einsatz von Aktivitätenplänen 1

Überblick

Die nächsten zwei Wochen sollen Ihnen helfen, die Strategien der letzten Woche weiter in die Praxis umzusetzen. Ihre Hauptaufgabe in dieser Woche wird sein, einzuschätzen, wie erfolgreich Ihre Aktivitätenpläne bisher gewesen sind, notwendige Anpassungen vorzunehmen und noch weitere Aktivitätenpläne zu entwickeln.

Ziele

Am Ende der achten Woche sollten Sie in der Lage sein,
- sich Ziele zu setzen und praktische Übungen zu planen, die Ihnen dabei helfen, Ihre Ziele zu erreichen.
- bei Bedarf Aktivitätenpläne für Risikosituationen aufzustellen, einzusetzen und zu verfolgen, ob sie funktionieren.
- sich weitere Informationen zu Erziehungsfragen zu suchen, falls erforderlich.
- sich, falls nötig, Unterstützung von Familie oder Freunden zu holen.

Rückblick auf die Aktivitätenpläne

ÜBUNG **1** *Rückblick auf den Einsatz der Aktivitätenpläne*

Was haben Sie ausprobiert? Welche Strategien haben Sie eingesetzt?

Was hat gut geklappt? Bitte überlegen Sie sich ganz konkret mindestens zwei positive Punkte. Vielleicht hilft es Ihnen, in Ihrer Checkliste nachzusehen.

Gibt es irgendetwas, das Sie hätten anders machen können? Sie können hier die Schritte der Checkliste angeben, die Sie nicht durchgeführt haben oder die Sie verbessern könnten.

Woche **8**

Weitere Planung

ÜBUNG **2** *Entwicklung weiterer Aktivitätenpläne*

Entwickeln Sie einen oder zwei weitere Aktivitätenpläne für eine der Risikosituationen, die Sie in der Checkliste auf Seite 112 angekreuzt haben. Auf den nächsten beiden Seiten finden Sie dafür weitere Vorlagen.

AKTIVITÄTENPLAN

RISIKOSITUATION

....

EINE ÜBUNG PLANEN

WANN: ....

WO: ....

WER: ....

VORBEREITUNG

....

....

....

REGELN FESTLEGEN

....

....

....

INTERESSANTE BESCHÄFTIGUNGEN

....

....

....

BELOHNUNGEN FÜR ANGEMESSENES VERHALTEN

....

....

....

KONSEQUENZEN FÜR PROBLEMVERHALTEN

....

....

....

ZIELE FÜR DAS NÄCHSTE MAL (AUS DER NACHBESPRECHUNG)

....

....

....

Woche 8

RISIKOSITUATION

....

EINE ÜBUNG PLANEN

WANN: ....

WO: ....

WER: ....

VORBEREITUNG

....

....

....

REGELN FESTLEGEN

....

....

....

INTERESSANTE BESCHÄFTIGUNGEN

....

....

....

BELOHNUNGEN FÜR ANGEMESSENES VERHALTEN

....

....

....

KONSEQUENZEN FÜR PROBLEMVERHALTEN

....

....

....

ZIELE FÜR DAS NÄCHSTE MAL (AUS DER NACHBESPRECHUNG)

....

....

....

Woche 8

Zusammenfassung der Inhalte

Schreiben Sie die Punkte auf, die für Sie in dieser Woche am wichtigsten waren und die Sie weiter verfolgen möchten.

....

....

....

....

■ PRAKTISCHE ÜBUNG

- Versuchen Sie, die Aktivitätenpläne, die Sie in dieser Woche entwickelt haben, in die Tat umzusetzen. Sie finden auf den Seiten 129 und 130 dafür zwei leere Checklisten. Im Abschnitt „Arbeitsblätter" finden Sie ein weiteres Exemplar der Checkliste.

■ FREIWILLIGE ZUSATZAUFGABE

Es ist sinnvoll, das Verhalten Ihres Kindes weiterhin im Auge zu behalten. Sie müssen sich nun entscheiden, ob Sie dasselbe Verhalten weiter beobachten möchten. Benutzen Sie Ihre Verhaltenskurve als Entscheidungshilfe. Eine gute Daumenregel besagt, dass Sie aufhören können, ein Verhalten zu beobachten, wenn Sie mit dem Verhalten zufrieden sind und das Verhalten an mindestens fünf aufeinanderfolgenden Tagen stabil gewesen ist. Sie können dann dazu übergehen, ein anderes Zielverhalten zu beobachten.

Wenn Sie Ratschläge suchen, um mit schwierigem Verhalten Ihres Kindes in Risikosituationen umgehen zu können, sollten Sie sich mit anderen Triple P-Materialien beschäftigen.

Woche 8

Themen der nächsten Woche

In der neunten Woche haben Sie wieder die Möglichkeit, Aktivitätenpläne für Risikosituationen aufzustellen, anzuwenden, Ihren Erfolg beim Einsatz der Routine zu bewerten und, falls nötig, einige Aspekte zu verbessern.

Woche 8

CHECKLISTE FÜR AKTIVITÄTENPLÄNE

Situation: ....

Anleitung: Immer wenn diese Situation auftritt, sollten Sie für jeden der Schritte aufschreiben, ob Sie ihn durchgeführt haben (J) oder nicht (N) bzw. ob der Schritt nicht anwendbar war (NA).

Schritte	Tag				
	Schritte durchgeführt?				
1					
2					
3					
4					
5					
6					
Anzahl der korrekt durchgeführten Schritte:					

Woche 8

CHECKLISTE FÜR AKTIVITÄTENPLÄNE

Situation: ....

Anleitung: Immer wenn diese Situation auftritt, sollten Sie für jeden der Schritte aufschreiben, ob Sie ihn durchgeführt haben (J) oder nicht (N) bzw. ob der Schritt nicht anwendbar war (NA).

Schritte	Tag				
	Schritte durchgeführt?				
1					
2					
3					
4					
5					
6					
Anzahl der korrekt durchgeführten Schritte:					

Woche 8

Einsatz von Aktivitätenplänen 2

Woche 9

Woche 9

Überblick

Das Programm dieser Woche soll Sie dabei unterstützen, Ihre Aktivitätenpläne weiter in die Praxis umzusetzen. Sie werden wieder bewerten, wie erfolgreich Ihre Aktivitätenpläne bisher gewesen sind, notwendige Anpassungen vornehmen und noch weitere Aktivitätenpläne entwickeln.

Ziele

Am Ende der neunten Woche sollten Sie in der Lage sein,
- sich Ziele zu setzen und praktische Übungen zu planen, die Ihnen dabei helfen, Ihre Ziele zu erreichen.
- bei Bedarf Aktivitätenpläne für Risikosituationen aufzustellen, einzusetzen und zu verfolgen, ob sie funktionieren.
- sich weitere Informationen zu Erziehungsfragen zu suchen, falls erforderlich.
- sich, falls nötig, Unterstützung von Familie oder Freunden zu holen.

Rückblick auf die Aktivitätenpläne

ÜBUNG 1 *Rückblick auf den Einsatz der Aktivitätenpläne*

Welche praktische Übung haben Sie in der letzten Woche durchgeführt?

_____

_____

_____

_____

Was hat gut geklappt? Bitte überlegen Sie sich ganz konkret mindestens zwei positive Punkte. Vielleicht hilft es Ihnen, in Ihrer Checkliste nachzusehen.

_____

_____

_____

_____

Gibt es irgendetwas, das Sie hätten anders machen können? Sie können hier die Schritte der Checkliste angeben, die Sie nicht durchgeführt haben oder die Sie verbessern möchten.

_____

_____

_____

_____

Weitere Planung

ÜBUNG 2 *Entwicklung weiterer Aktivitätenpläne*

Entwickeln Sie einen oder zwei weitere Aktivitätenpläne für eine der Risikosituationen, die Sie in der Checkliste auf Seite 112 angekreuzt haben. Auf den nächsten beiden Seiten finden Sie dafür weitere Vorlagen.

Woche 9

RISIKOSITUATION

....

EINE ÜBUNG PLANEN

WANN: ....

WO: ....

WER: ....

VORBEREITUNG

....

....

....

REGELN FESTLEGEN

....

....

....

INTERESSANTE BESCHÄFTIGUNGEN

....

....

....

BELOHNUNGEN FÜR ANGEMESSENES VERHALTEN

....

....

....

KONSEQUENZEN FÜR PROBLEMVERHALTEN

....

....

....

ZIELE FÜR DAS NÄCHSTE MAL (AUS DER NACHBESPRECHUNG)

....

....

....

Woche 9

RISIKOSITUATION

....

EINE ÜBUNG PLANEN

WANN: ....

WO: ....

WER: ....

VORBEREITUNG

....

....

....

REGELN FESTLEGEN

....

....

....

INTERESSANTE BESCHÄFTIGUNGEN

....

....

....

BELOHNUNGEN FÜR ANGEMESSENES VERHALTEN

....

....

....

KONSEQUENZEN FÜR PROBLEMVERHALTEN

....

....

....

ZIELE FÜR DAS NÄCHSTE MAL (AUS DER NACHBESPRECHUNG)

....

....

....

Woche 9

Zusammenfassung der Inhalte

Schreiben Sie die Punkte auf, die für Sie in dieser Woche am wichtigsten waren und die Sie weiter verfolgen möchten.

....

....

....

....

■ PRAKTISCHE ÜBUNG

* Versuchen Sie, die Aktivitätenpläne, die Sie in dieser Woche entwickelt haben, in die Tat umzusetzen. Sie finden auf den Seiten 137 und 138 dafür zwei leere Checklisten. Im Abschnitt „Arbeitsblätter" finden Sie ein weiteres Exemplar der Checkliste.

■ FREIWILLIGE ZUSATZAUFGABE

Es ist sinnvoll, das Verhalten Ihres Kindes weiterhin im Auge zu behalten. Sie müssen sich nun entscheiden, ob Sie dasselbe Verhalten weiter beobachten möchten. Benutzen Sie Ihre Verhaltenskurve als Entscheidungshilfe. Eine gute Daumenregel besagt, dass Sie aufhören können, ein Verhalten zu beobachten, wenn Sie mit dem Verhalten zufrieden sind und das Verhalten an mindestens fünf aufeinanderfolgenden Tagen stabil gewesen ist. Sie können dann dazu übergehen, ein anderes Zielverhalten zu beobachten.

Wenn Sie Ratschläge suchen, um mit schwierigem Verhalten Ihres Kindes in Risikosituationen umgehen zu können, sollten Sie sich mit anderen Triple P-Materialien beschäftigen.

Woche 9

Themen der nächsten Woche

In der nächsten Woche sollen Sie darüber nachdenken, was sich bei Ihnen seit Beginn des Triple P-Programms verändert hat und ob Sie die Ziele erreicht haben, die Sie sich am Anfang des Programms gesetzt hatten. Außerdem werden Sie die Möglichkeit haben, darüber nachzudenken, wie sie diese Veränderungen aufrecht erhalten können, nachdem Sie das Triple P-Programm beendet haben.

CHECKLISTE FÜR AKTIVITÄTENPLÄNE

Situation: ....

Anleitung: Immer wenn diese Situation auftritt, sollten Sie für jeden der Schritte aufschreiben, ob Sie ihn durchgeführt haben (J) oder nicht (N) bzw. ob der Schritt nicht anwendbar war (NA).

	Tag				
Schritte	**Schritte durchgeführt?**				
1					
2					
3					
4					
5					
6					
Anzahl der korrekt durchgeführten Schritte:					

Woche 9

CHECKLISTE FÜR AKTIVITÄTENPLÄNE

Situation: ....

Anleitung: Immer wenn diese Situation auftritt, sollten Sie für jeden der Schritte aufschreiben, ob Sie ihn durchgeführt haben (J) oder nicht (N) bzw. ob der Schritt nicht
anwendbar war (NA).

Schritte	Tag				
	Schritte durchgeführt?				
1					
2					
3					
4					
5					
6					
Anzahl der korrekt durchgeführten Schritte:					

Woche 9

Programmabschluss

Woche 10

Überblick

Dies ist die letzte Woche des Triple P-Programms. Sie werden in dieser Woche die Fortschritte überprüfen, die Sie im Verlauf des Programms gemacht haben, und sich damit beschäftigen, wie das Programm beendet wird und wie Sie positive Veränderungen aufrechterhalten können. Außerdem sollen Sie sich Ziele für die Zukunft setzen und überlegen, wie Sie diese Ziele erreichen können.

Ziele

Am Ende der zehnten Woche sollten Sie in der Lage sein,
- bei Bedarf Aktivitätenpläne für Risikosituationen aufzustellen, einzusetzen und zu verfolgen, ob sie funktionieren.
- sich weitere Informationen zu Erziehungsfragen zu suchen, falls erforderlich.
- sich, falls nötig, Unterstützung von Familie oder Freunden zu holen.
- Erziehungsprobleme, die auftreten, zu bewältigen.
- positive Veränderungen seit Beginn des Triple P-Programms im Verhalten Ihres Kindes und bei sich selbst zu erkennen.
- Veränderungen, die Sie bis jetzt erreicht haben, aufrechtzuerhalten.
- sich selbst weitere Ziele für Veränderungen Ihres eigenen Verhaltens und des Verhaltens Ihres Kindes zu setzen und zu entscheiden, wie Sie diese Ziele erreichen können.

Rückblick auf die Aktivitätenpläne

ÜBUNG **1** *Rückblick auf den Einsatz der Aktivitätenpläne*

Welche praktische Übung haben Sie in der letzten Woche durchgeführt?

Was hat gut geklappt?
Bitte überlegen Sie sich ganz konkret mindestens zwei positive Punkte. Vielleicht hilft es Ihnen, in Ihrer Checkliste nachzusehen.

Gibt es irgendetwas, das Sie hätten anders machen können? Sie können hier die Schritte der Checkliste angeben, die Sie nicht durchgeführt haben oder die Sie verbessern wollen.

Das Programm beenden

Während Sie dieses Arbeitsbuch durchgearbeitet haben, haben Sie viele Dinge in Ihr tägliches Leben übernommen, die Ihnen vielleicht etwas künstlich vorkommen - Dinge, die normalerweise nicht in Ihrem Familienleben vorkommen, zum Beispiel Hausaufgaben für Eltern, die Beobachtung Ihres eigenen Verhaltens und des Verhaltens Ihres Kindes oder das Lesen in Ihrem Elternarbeitsbuch. Es gehört zum Beenden des Programms dazu, diese Dinge aufgeben und wieder zum normalen Leben überzugehen. Das bedeutet jedoch nicht, dass Sie wieder alles genauso machen sollen wie vorher. Es geht vielmehr darum, die künstlichen Abläufe des Programms aufzugeben, ohne wieder in die alten Verhaltensmuster zu fallen. Die folgenden Punkte sollen Ihnen diesen Schritt erleichtern.

Beiseitelegen der Unterlagen

Legen Sie Ihr Elternarbeitsbuch beiseite. Wählen Sie dafür einen Ort, der gut zugänglich ist, sodass Sie das Buch von Zeit zu Zeit wieder zur Hand nehmen können. Sie können auch die Abschnitte, die Sie besonders hilfreich fanden, markieren oder herausnehmen, sodass Sie sie schnell finden können, wenn Sie sie noch einmal brauchen.

10
Woche

Beenden der Selbstbeobachtung

Während des Programms wurden Sie dazu aufgefordert, Ihr eigenes Verhalten und das Ihres Kindes zu beobachten. Im täglichen Leben ist das eher unüblich. Wenn Sie zur Zeit noch dabei sind, Ihre Fortschritte zu beobachten, dann achten Sie darauf, wie gut die neuen Verhaltensweisen bereits funktionieren. Wenn Sie das Gefühl haben, dass Sie die neuen Verhaltensweisen auch ohne eine genaue Beobachtung aufrechterhalten können, dann ist es Zeit, mit der Beobachtung aufzuhören. Wenn Sie sich noch nicht so sicher fühlen, sollten Sie die Beobachtung erst nach und nach aufgeben. Beobachten Sie zunächst Ihr Verhalten oder das Ihres Kindes nicht mehr jeden Tag, sondern beispielsweise nur noch einmal pro Woche, und hören Sie ganz damit auf, sobald Sie sich sicher fühlen.

Beenden spezieller Strategien

Überlegen Sie, welche Strategien Sie momentan anwenden (z.B. die Punktekarte) und entscheiden Sie, ob diese Strategien nach und nach vereinfacht und ausgeschlichen werden können. Einige der Strategien, die Sie kennen gelernt haben, wie zum Beispiel das beschreibende Lob, eignen sich insbesondere dazu, ein Verhalten zu verändern. Wenn es dagegen darum geht, ein Verhalten aufrechtzuerhalten, ist es am besten, das Verhalten nur noch hin und wieder zu belohnen und nicht mehr jedes Mal, wenn das Verhalten auftritt. Loben funktioniert nur, wenn es etwas Besonderes ist. Damit es etwas Besonderes bleibt, sollte es gelegentlich erfolgen und nicht ständig.

Führen Sie Veränderungen beim Einsatz der Punktekarte oder von Belohnungen schrittweise ein. Und gehen Sie sicher, dass es für Ihr Kind noch genug andere Dinge gibt, für die es belohnt wird. Denn ein Problemverhalten kann wieder auftauchen, wenn Kinder nicht genug Verstärkung und Unterstützung für erwünschtes Verhalten bekommen.

Überprüfen Sie regelmässig Ihre Fortschritte

Während des Programms haben Sie sich jede Woche oder sogar täglich mit den Problemen in Ihrer Familie beschäftigt. Das müssen Sie jetzt nicht mehr so häufig tun. Trotzdem sollten Sie jedoch im Auge behalten, wie es in Ihrer Familie weitergeht. Um Problemen frühzeitig entgegenzuwirken, sollten Sie mindestens einmal im Monat Ihre Fortschritte Revue passieren lassen.

Bilanz ziehen

Als Sie mit dem Triple P-Programm begonnen haben, haben Sie sich Ziele für Veränderungen im Verhalten Ihres Kindes und in Ihrem eigenen Verhalten gesetzt.

ÜBUNG **2** *Identifizieren Sie positive Veränderungen, die stattgefunden haben*

Nehmen Sie sich nun einige Minuten Zeit, um die Tabelle auszufüllen und die Veränderungen zu notieren, die sich bei Ihnen und Ihrem Kind seit Beginn des Programms vollzogen haben. Vielleicht hilft es Ihnen, noch einmal die Ziele zu betrachten, die Sie auf der Seite 16 notiert hatten.

Veränderungen im Verhalten Ihres Kindes	Veränderungen in Ihrem eigenen Verhalten

Wir gratulieren Ihnen zu den positiven Veränderungen, die Sie selbst und Ihr Kind erreicht haben!

Veränderungen aufrechterhalten

Zum Ende des Programms ist es nun an der Zeit, darüber nachzudenken, wie Sie die positiven Veränderungen, die Sie bei sich seit Beginn des Programms bemerkt haben, aufrechterhalten können. Es ist sicher nicht leicht gewesen, diese Veränderungen zu bewirken. Die Herausforderung besteht nun darin, weiterzumachen, um auch künftig Probleme zu vermeiden oder konstruktiv damit umgehen zu können. Es gibt vier wichtige Schritte, die für die Aufrechterhaltung von Veränderungen und für die Vermeidung von erneuten Schwierigkeiten oder Rückfällen von Bedeutung sind:

Planen Sie für Risikozeiten voraus

Ein guter Weg, um Probleme zu vermeiden, besteht darin, für Situationen und Zeiten, die möglicherweise schwierig werden könnten, vorauszuplanen, bevor Ärger entsteht. Genauso wie Sie sich darauf vorbereiten, Ihr Kind während Unternehmungen außer Haus zu beschäftigen, müssen Sie auch für zukünftige Situationen vorausplanen, in denen Probleme auftreten könnten. Dieser Prozess kann nun beginnen. Denken Sie an Risikozeiten, die wahrscheinlich in den nächsten sechs Monaten auftreten werden. Manchmal kann Vorausplanen Probleme während solcher Zeiten verhindern oder minimieren. Risikozeiten könnten z.B. sein:
- Veränderungen der Familienstruktur (Geburt eines Kindes, Trennung, neue Beziehung)
- Veränderungen der finanziellen Situation der Familie
- Veränderungen der beruflichen Situation der Eltern
- Zeiten, in denen Eltern deprimiert oder bedrückt sind
- Zeiten familiärer Konflikte
- Umzüge
- Hausbau oder Renovierungen
- Schulwechsel
- Tod oder Krankheit in der Familie
- Gesetzliche oder juristische Probleme

Beobachten Sie Erfolge in Ihrer Familie

Wenn Sie die Erfolge, die Sie und Ihre Familie erzielt haben, systematisch beobachten, werden Sie neue Probleme eher entdecken können. Sie werden auch in der Lage sein, auf Schwierigkeiten angemessen zu reagieren, um Rückfälle zu verhindern. Schauen Sie sich anfangs den Stand der Dinge alle zwei Wochen einmal ganz bewusst an, danach nur noch einmal im Monat.

Reagieren Sie sofort, wenn Schwierigkeiten auftreten

Es ist wichtig, dass Sie sofort reagieren, sobald Probleme auftauchen. Sie können dann bestimmte Strategien zum Umgang mit Problemverhalten, z.B. die Aktivitätenpläne oder Punktekarten, erneut einsetzen oder auch die Triple P-Materialien noch mal zur Hand nehmen und nach geeigneten Strategien oder neuen Anregungen suchen.

Probieren Sie neue Strategien aus

Wenn die Strategien, die Sie bereits einsetzen, nicht mehr funktionieren, sollten Sie etwas Neues ausprobieren. Tun Sie das, wovon Sie bereits wissen, dass es sinnvoll ist – geben Sie Ihrem Kind viel Beachtung und Ermutigung, wenn es sich angemessen verhält, und entziehen Sie ihm die Aufmerksamkeit, wenn es Problemverhalten zeigt. Versuchen Sie, bekannte Strategien auf neue Situationen zu übertragen. Probieren Sie diese neuen Dinge etwa zehn bis 14 Tage lang aus, beobachten Sie systematisch, wie erfolgreich sie sind, und nehmen Sie geringfügige Änderungen vor, falls nötig.

Ziele für die Zukunft

ÜBUNG **3** *Weitere Ziele identifizieren*

Welche weiteren Veränderungen wünschen Sie sich im Verhalten Ihres Kindes und in Ihrem eigenen Verhalten? Denken Sie daran, Ihre Ziele konkret zu formulieren (z.B. *Mein Kind soll häufiger tun, was ihm gesagt wird.*).

Wie könnten Sie diese neuen Ziele erreichen? Überlegen Sie sich, welche praktischen Übungen Sie durchführen könnten, um die Ziele, die Sie sich gesetzt haben, zu erreichen.

Zusammenfassung der Inhalte

In dieser Woche haben Sie sich mit den positiven Veränderungen beschäftigt, die bei Ihnen seit Beginn des Triple P-Programms eingetreten sind und wie Sie diese Veränderungen aufrechterhalten können. Sie haben auch über weitere Ziele für die Zukunft nachgedacht und wie Sie diese Ziele erreichen können.

■ PRAKTISCHE ÜBUNG

- Fahren Sie damit fort, die positiven Erziehungsstrategien zu üben.
- Machen Sie weiter mit dem Aufstellen und Umsetzen von Aktivitätenplänen für Risikosituationen.
- Schreiben Sie Ihre Ziele für die kommende Woche auf.

■ FREIWILLIGE ZUSATZAUFGABE

Notieren Sie alle Materialien, die Sie sich in dieser Woche noch einmal anschauen möchten.

Glückwünsche

Sie haben das Triple P-Programm jetzt beendet. Danke, dass Sie die ganze Zeit motiviert und interessiert am Ball geblieben sind. Wir hoffen, dass Sie von den Strategien der positiven Erziehung profitieren konnten und dass Sie diese auch weiterhin einsetzen werden. Wenn Ihr Kind älter wird und sich weiterentwickelt, werden vermutlich von Zeit zu Zeit neue Situationen und Probleme auf Sie zukommen. Denken Sie dann an das Programm zurück, um die Strategien aufzufrischen, die Sie bereits kennen, oder um sich Anregungen für den Umgang mit neuen Verhaltensproblemen zu suchen. Vielen Dank für Ihre Teilnahme am Triple P-Programm. Wir hoffen, dass es sich für Sie gelohnt hat und eine wertvolle Erfahrung gewesen ist.

10
Woche

Wie geht es weiter?

Wenn Sie das Programm beendet haben und das Gefühl haben, dass es weiterhin Probleme mit dem Verhalten Ihres Kindes, Ihrem eigenen Wohlbefinden oder mit der Beziehung zu Ihrem Partner gibt, sollten Sie in Betracht ziehen, professionelle Hilfe zu suchen. Kontaktieren Sie Ihren Kinderarzt, die Kindergärtnerin oder einen Lehrer, um herausfinden, wo Sie sich beraten lassen können, oder suchen Sie in den Gelben Seiten nach einer psychologischen Beratungsstelle.

Lösungen zu den Übungen

Woche 1

ÜBUNG 6 *Verhaltensbeobachtung*

Vorgeschlagene Beobachtungsformen für:

- wie oft ein Kind andere beißt

Benutzen Sie ein Verhaltenstagebuch, wenn das Beißen seltener als fünfmal am Tag auftritt. Verwenden Sie andernfalls lieber einen Häufigkeitsbogen. Sie können auch beide gemeinsam verwenden und pro Tag für eine der Situationen, in denen Ihr Kind gebissen hat, zusätzlich zum Häufigkeitsbogen eine Zeile im Verhaltenstagebuch ausfüllen. So können Sie zum Beispiel mehr über die Auslöser und die Konsequenzen des Beißens herausfinden. Ein Zeitdauerprotokoll wäre in diesem Fall nicht so gut geeignet, da Beißen ein Verhalten ist, das schnell und kurz auftritt. Wenn das Verhalten häufiger als 15-mal am Tag auftritt, ist auch ein Zeitabschnittbogen geeignet.

- wie lange ein Kind braucht, um sich zu beruhigen, wenn es ohne die Eltern woanders bleiben soll

Ein Zeitdauerprotokoll würde zeigen, wie lange ein Kind protestiert und weint, wenn es bei anderen Personen zurückgelassen wird. Die anwesende Erziehungsperson müsste in diesem Fall den Bogen ausfüllen, da die Mutter oder der Vater nicht anwesend sind. Da das Verhalten nur einmal am Tag auftritt, sind weder ein Häufigkeitsbogen noch ein Zeitabschnittbogen geeignet. Ein Verhaltenstagebuch wäre gut geeignet, um mehr über die Auslöser und die Konsequenzen des Protests zu erfahren.

- wie oft ein Kind quengelt, besonders abends vor dem Essen

Wenn das Quengeln ein Verhalten ist, das endlos zu dauern scheint, ist es schwierig, zu sagen, wann es aufhört und wieder von Neuem beginnt. In diesem Fall ist ein Zeitabschnittbogen am besten zur Verhaltensbeobachtung geeignet. Sie können hierbei die Zeitspanne von 15.30 Uhr bis 18.00 Uhr in 15-Minuten-Intervalle unterteilen und beobachten, ob während dieser Intervalle Quengeln auftritt oder nicht. Wenn das Verhalten häufig auftritt, sind weder ein Häufigkeitsbogen noch ein Verhaltenstagebuch gut zur Beobachtung geeignet. Auch ein Zeitdauerprotokoll ist eher ungeeignet, da Quengeln meist aufhört und wieder anfängt, aber nicht unbedingt durchgehend auftreten muss.

- wie oft ein Kind Dinge kaputtmacht

Da zerstörerisches Verhalten in der Regel gut beobachtbar ist, sind ein Häufigkeitsbogen oder ein Verhaltenstagebuch am besten geeignet. Es ist eher unwahrscheinlich, dass zerstörerisches Verhalten so häufig auftritt oder so lange andauert, dass ein Zeitabschnittbogen oder ein Zeitdauerprotokoll sinnvoll wären.

- wie oft ein Kind Widerworte gibt oder frech ist

In Abhängigkeit davon, wie häufig dieses Verhalten auftritt, kann ein Verhaltenstagebuch (Verhalten tritt weniger als fünfmal am Tag auf), ein Häufigkeitsbogen (zehn- bis 15-mal am Tag) oder ein Zeitabschnittbogen (mehrmals in einer Stunde) angewendet werden. Ein Zeitdauerbogen ist eher nicht angebracht, da dieses Verhalten meist unvermittelt auftaucht und schnell wieder vorbei ist.

Woche 2

ÜBUNG 8 *Beiläufiges Lernen.*

- Wenn Ihr Kind Fragen stellt, insbesondere die bekannten „Warum"-Fragen (*z.B. Warum ist der Mond heute nacht rund?*).

Auf „Warum"-Fragen könnten Sie etwas antworten wie: *Hmm, ist der Mond immer rund?* oder *Was glaubst du, warum der Mond rund ist?* oder *Welche anderen Formen kann der Mond denn noch haben?"*

- Wenn Ihr Kind ein Wort falsch ausspricht (z.B. *Sagetti* statt *Spaghetti*).

Wenn Ihr Kind ein Wort falsch ausspricht, könnten Sie zum Beispiel sagen: *Ja, Daniel, wir essen heute zum Mittag Spaghetti. Spa-ghet-ti.*

- Wenn Ihr Kind in eine Aktivität eingebunden ist und Ihnen etwas zeigen will (z.B. *Mama, guck Dir mein Bild an!*).

Sie könnten zum Beispiel sagen: *Das ist ein tolles Bild. Erzähl mir etwas darüber … Was macht diese Person da? Wo gehen die Leute hin?*

- Wenn Ihr Kind etwas nicht alleine schafft und Sie um Hilfe bittet (z.B. *Ich kann das Puzzle nicht!*).

Sie könnten zum Beispiel fragen: *Warum klappt es nicht? Ach so, du kannst das nächste Puzzleteil nicht finden. Welche Farben muss das fehlende Puzzleteil denn haben? Und welche Form muss es haben? … O.k., dann suchen wir jetzt nach einem grünen Puzzleteil mit einer geraden Seite.*

ÜBUNG **3** *Ideen für absichtliches Ignorieren*

• Für welche Verhaltensweisen können Sie absichtliches Ignorieren einsetzen?

Absichtliches Ignorieren ist am besten für leichtere Probleme geeignet, bei denen Kinder versuchen, die Aufmerksamkeit der Eltern auf sich zu ziehen, zum Beispiel Jammern, Grimassen schneiden, Krach machen und Schimpfwörter benutzen.

• Wann sollten Sie aufhören, ein geringfügiges Problemverhalten zu ignorieren?

Hören Sie erst mit absichtlichem Ignorieren auf, wenn Ihr Kind mit dem unerwünschten Verhalten aufgehört hat (und loben Sie Ihr Kind dann für sein angemessenes Verhalten). Sie sollten auch aufhören, ein Verhalten zu ignorieren, wenn sich das Verhalten qualitativ verändert und zu ernsthaftem Problemverhalten entwickelt, zum Beispiel wenn Ihr Kind aggressiv wird und andere schlägt. In diesem Fall sollten Sie eine andere Strategie zum Umgang mit Problemverhalten anwenden, wie zum Beispiel klare, ruhige Anweisungen, logische Konsequenzen, stille Zeit und Auszeit (siehe Woche 3).

• Was würde Sie davon abhalten, absichtliches Ignorieren anzuwenden?

Viele Eltern finden es schwierig, Jammern und Quengeln zu ignorieren. Andere finden es unangenehm, dabei von anderen beobachtet zu werden (z.B. bei Familienfesten oder unterwegs) und finden es dann zu stressig, nicht aktiv einzugreifen. Wenn das der Fall ist, ist es besser, absichtliches Ignorieren nicht anzuwenden. Diese Strategie funktioniert nur, wenn Sie es schaffen, das Verhalten so lange zu ignorieren, bis es aufhört.

ÜBUNG **4** *Ideen für klare, ruhige Anweisungen*

• Es ist Zeit zum Abendessen.

Heidi, es ist Zeit zum Abendessen, komm bitte an den Tisch oder *Heidi, bitte komm jetzt essen und setze dich auf deinen Platz.* (Wiederholen Sie die Anweisung einmal, da es sich um eine Aufforderung handelt, mit einer neuen Tätigkeit zu beginnen.)

• Ein kleines Kind springt auf dem Sofa herum.

Marc, hör' auf, auf dem Sofa herumzuspringen. Bitte setze dich auf das Sofa. (Wiederholen Sie die Anweisung nicht, da es sich um eine Aufforderung handelt, mit einem Problemverhalten aufzuhören.)

• Die Spielsachen sind auf dem Boden verstreut.

Jan, bitte geh' und packe das Spielzeug in die Kiste oder *Jan, es ist Zeit zum Aufräumen. Hilf mir bitte, das Spielzeug in die Kiste zu packen.* (Wiederholen Sie die Anweisung einmal, da es sich um eine Aufforderung handelt, mit einer neuen Tätigkeit zu beginnen.)

• Ihr Kind unterbricht Sie, während Sie telefonieren.

Sonja, hör' auf, an meinem Kleid zu zupfen. Wenn du etwas von mir möchtest, sage „Entschuldige, Mama." und warte, bis ich Zeit habe. (Wiederholen Sie die Anweisung nicht, da es sich um eine Aufforderung handelt, mit einem Problemverhalten aufzuhören.)

• Es ist Zeit, sich fertig zu machen, um das Haus zu verlassen.

Lukas, es ist Zeit, sich für den Kindergarten fertig zu machen. Komm' bitte und ziehe dir die Sandalen an oder Lukas, gehe jetzt bitte und hole deine Kindergartentasche. (Wiederholen Sie die Anweisung einmal, da es sich um eine Aufforderung handelt, mit einer neuen Tätigkeit zu beginnen.)

Vermeiden Sie die folgenden Ausdrücke, wenn Sie Anweisungen geben:
Kannst du bitte …?
Würdest du bitte …?
Ich fände es toll, wenn du …
Es würde mich freuen, wenn du …
Willst du nicht …?

Das alles sind Beispiele für vage Instruktionen, weil sie dem Kind nicht genau sagen, was es tun soll. Wenn Sie Aufforderungen als Frage formulieren, lassen Sie dem Kind eine Wahl, sodass es mit *Nein* antworten kann. Instruktionen, die lediglich eine Aussage darüber machen, was die Eltern gerne möchten, haben für Kinder ebenfalls keinen Aufforderungscharakter.

ÜBUNG 5 *Ideen für logische Konsequenzen*

• Ihr Kind spielt während des Essens mit seinem Getränk.

Entfernen Sie das Getränk für fünf bis 30 Minuten (z.B. *Du spielst immer noch mit deinem Getränk, deshalb stelle ich es jetzt für fünf Minuten weg.*).

• Ihr Kind geht unachtsam mit einem Spielzeug um.

Entfernen Sie das Spielzeug für fünf bis 30 Minuten (z.B. *Du spielst zu unvorsichtig mit deinem Spielzeug, deshalb lege ich es für zehn Minuten weg.*).

• Ihr Kind läuft während des Spaziergangs zu weit weg.

Lassen Sie Ihr Kind ein bis zwei Minuten bzw. zehn bis 20 Schritte lang an Ihrer Hand gehen (z.B. *Du läufst zu weit von mir weg, deshalb musst du jetzt 20 Schritte lang an meiner Hand gehen.*).

• Ihr Kind klettert gefährlich auf der Schaukel herum.

Holen Sie Ihr Kind von der Schaukel und lassen Sie es von der Bank aus fünf bis 30 Minuten zusehen, wie die anderen Kinder spielen (z.B. *Du sitzt nicht ordentlich beim Schaukeln und hältst dich nicht fest, wie ich es dir gesagt habe, deshalb setzt du dich jetzt für fünf Minuten neben mich auf die Bank.*).

• Ihr Kind bemalt die Tapete.

Nehmen Sie ihm die Stifte für fünf bis 30 Minuten weg oder sagen Sie Ihrem Kind, dass es die Wand wieder sauber machen muss, wenn es das bereits kann (z.B. *Du malst immer noch die Tapete an, deshalb räume ich die Stifte jetzt für zehn Minuten weg. Danach musst du mir helfen, die Tapete wieder sauber zu machen.*).

Für Kleinkinder und Kindergartenkinder sollten die Konsequenzen nicht länger als fünf bis zehn Minuten dauern. Bei Grundschulkindern können Sie längere Zeiträume von bis zu 30 Minuten wählen.

ÜBUNG **6** *Vorbereitung auf die stille Zeit*

• Welchen Platz im Haus können Sie für die stille Zeit nutzen?

Jeder Platz am gleichen Ort, wo das Problem aufgetreten ist, ist möglich, z. B. ein Stuhl in der Küche, im Esszimmer oder im Wohnzimmer.

• Was sagen Sie zu Ihrem Kind, wenn Sie es in die stille Zeit bringen?

Du hast nicht getan, worum ich dich gebeten habe, deshalb musst du jetzt für zwei Minuten in die stille Zeit gehen. Die stille Zeit ist beendet, wenn du zwei Minuten still gesessen hast.

• Wie lange soll Ihr Kind ruhig in der stillen Zeit bleiben?

Eine Minute für Kleinkinder bis zu zwei Jahren; zwei Minuten für Drei- bis Fünfjährige und maximal fünf Minuten für Fünf- bis Zehnjährige.

• Wann sprechen Sie wieder mit Ihrem Kind?

Sprechen Sie erst wieder mit Ihrem Kind, wenn es die vorgegebene Zeit still war. Beginnen Sie erst, die Zeit zu stoppen, wenn Ihr Kind wirklich still ist und sprechen Sie nicht mit Ihrem Kind, solange es in der stillen Zeit ist. Wenn Ihr Kind während der stillen Zeit nicht ruhig ist, bringen Sie es nach 10 Sekunden in die Auszeit (siehe unten).

• Was sagen sie zu Ihrem Kind, wenn die stille Zeit vorbei ist?

Klasse, dass du still gewesen bist. Die stille Zeit ist jetzt beendet. Achten Sie darauf, wann sich Ihr Kind angemessen verhält und loben Sie es so bald wie möglich für angemessenes Verhalten.

• Was können Sie tun, wenn Ihr Kind nicht ruhig sitzen bleibt?

Geben Sie Ihrem Kind zehn Sekunden Zeit, um in der stillen Zeit zur Ruhe zu kommen. Wenn Ihr Kind nach zehn Sekunden noch nicht still sitzt und ruhig ist, sagen Sie ihm, was es falsch gemacht hat und bringen Sie es in die Auszeit: *Du bist in der stillen Zeit nicht ruhig gewesen, deshalb musst du jetzt in die Auszeit gehen.*

ÜBUNG **7** *Vorbereitung auf die Auszeit*

• Welchen Raum könnten Sie für die Auszeit benutzen?

Sie können das Badezimmer, Ihr Schlafzimmer oder jeden anderen sicheren Raum wählen, in dem sich Ihr Kind nicht verletzen kann.

• Was sagen Sie zu Ihrem Kind, wenn Sie die Auszeit anwenden?

Du hast nicht getan, worum ich dich gebeten habe, deshalb musst du jetzt in die Auszeit gehen. Du musst zwei Minuten still sein, bevor du den Raum wieder verlassen darfst.

• Wie lange soll die Auszeit dauern?

Eine Minute für Kleinkinder bis zu zwei Jahren; zwei Minuten für Drei- bis Fünfjährige und maximal fünf Minuten für Fünf- bis Zehnjährige.

- Wann sprechen Sie wieder mit Ihrem Kind?

Sprechen Sie erst wieder mit Ihrem Kind, wenn es die vorgegebene Zeit ruhig war. Beginnen Sie erst, die Zeit zu stoppen, wenn Ihr Kind wirklich still ist, und sprechen Sie nicht mit Ihrem Kind, solange es in der Auszeit ist. Lassen Sie Ihr Kind nicht raus, wenn es immer noch schreit und Krach macht.

- Was sagen Sie zu Ihrem Kind, wenn die Auszeit vorüber ist?

„Schön, dass du so ruhig gewesen bist. Du kannst jetzt rauskommen." Achten Sie darauf, wann sich Ihr Kind angemessen verhält und loben Sie es so bald wie möglich für angemessenes Verhalten.

- Was können Sie tun, wenn Ihr Kind hinterher nicht aus der Auszeit kommen will?

Sagen Sie Ihrem Kind, dass die Auszeit vorbei ist und schlagen Sie ihm eine Tätigkeit vor. Wenn Ihr Kind sich weigert herauszukommen, dann lassen Sie es in Ruhe, bis es den Raum verlassen möchte. Schenken Sie Ihrem Kind keine Aufmerksamkeit, solange es in der Auszeit bleibt. Beobachten Sie Ihr Kind und loben Sie es, wenn es wieder eine Aktivität aufnimmt.

- Was können Sie tun, wenn Ihr Kind im Auszeit-Raum große Unordnung macht?

Bleiben Sie ruhig und warten Sie, bis Ihr Kind die vorgegebene Zeit ruhig gewesen ist. Sagen Sie Ihrem Kind dann in ruhigem Ton, dass die Auszeit vorbei ist und dass es den Raum verlassen darf, wenn es aufgeräumt hat. Denken Sie daran, realistische, altersangemessene Erwartungen an Ihr Kind zu stellen, was das Aufräumen betrifft – erwarten Sie keine Perfektion. Lassen Sie Ihr Kind aus der Auszeit kommen, sobald der Raum wieder einigermaßen ordentlich ist.

- Was können Sie tun, wenn Ihr Kind aus der Auszeit kommt, bevor sie vorüber ist?

Die Auszeit wird von Ihnen bestimmt und nicht von Ihrem Kind. Sie müssen entscheiden, wann Ihr Kind den Raum wieder verlassen darf. Wenn Ihr Kind aus der Auszeit kommt, bevor die Zeit vorbei ist, bringen Sie es zurück und gehen Sie sicher, dass Ihr Kind den Raum nicht wieder verlassen kann.

- Was könnte passieren, wenn Sie Ihrem Kind mit der Auszeit drohen?

Das Kind könnte lernen, erst auf eine Drohung zu reagieren und nicht schon dann, wenn Sie ihm eine Anweisung geben. Wenn die Auszeit nicht jedes Mal konsequent durchgesetzt wird, wenn ein ernsthaftes Problemverhalten auftritt, wird sich das Problemverhalten mit großer Wahrscheinlichkeit verschlimmern.

- Was könnte passieren, wenn Sie Ihr Kind aus der Auszeit kommen lassen, wenn es „Theater macht"?

Ihr Kind lernt dann vielleicht, dass es nur laut genug schreien, weinen oder quengeln muss, damit es aus der Auszeit darf. Außerdem wird mit großer Wahrscheinlichkeit erneut Problemverhalten auftreten, wenn Sie Ihr Kind aus der Auszeit lassen, bevor es sich beruhigt hat. Um diese Eskalationsfalle zu durchbrechen, müssen Kinder lernen, dass Sie nur dann die Aufmerksamkeit Ihrer Eltern erhalten, wenn Sie sich angemessen verhalten und dass sie keine Aufmerksamkeit bekommen, wenn sie Problemverhalten zeigen.

Arbeitsblätter

Diese Arbeitsblätter können Sie mehrfach verwenden, indem Sie sich Kopien davon machen. Sie sollten daher die Originale aufbewahren für den Fall, dass Sie weitere Exemplare benötigen.

Anleitung: Schreiben Sie das Problemverhalten auf, wann und wo es aufgetreten und was davor und danach geschehen ist.

Problemverhalten: _____

Tag: _____

Problem	Wann und wo trat das Problem auf?	Was passierte vorher?	Was passierte nachher?	Bemerkungen

Anleitung: Beobachten Sie das Auftreten des Verhaltens zwei Wochen lang jeden Tag. Schreiben Sie das Datum des jeweiligen Tages in die erste Spalte und machen Sie jedes Mal ein Kreuz in die folgenden Kästchen, wenn das Verhalten an dem Tag auftritt. Zählen Sie am Ende der Zeile alle Kreuze eines Tages zusammen.

Problemverhalten: _____

Zeitraum: _____

Tag	1	2	3	4	5	6	7	8	9	10	11	12	13	14	15	Summe

ZEITDAUERPROTOKOLL

Anleitung: Schreiben Sie in die erste Zeile den Tag. Notieren Sie dann in den Spalten für jedes Mal, wenn das Verhalten aufgetreten ist, wie lange es gedauert hat (in Sekunden, Minuten oder Stunden). Zählen Sie am Ende jeden Tages zusammen, wie lange das Verhalten insgesamt aufgetreten ist, und tragen Sie die Summe am Ende der Zeile in die letzte Spalte ein.

Problemverhalten: ....

Tag	Aufeinanderfolgende Episoden (in Minuten)										Gesamt
	1	2	3	4	5	6	7	8	9	10	

ZEITABSCHNITTBOGEN

Anleitung: Machen Sie ein Kreuz für jeden Zeitabschnitt, in dem das Verhalten mindestens
einmal aufgetreten ist.

Problemverhalten: _____   Startdatum: _____

Tageszeit – 30-Minuten-Intervalle															
Tage	M	D	M	D	F	S	S	M	D	M	D	F	S	S	M
Summe															

Anleitung: Markieren Sie die Häufigkeit, mit der das Problemverhalten an den einzelnen Tagen aufgetreten ist, indem Sie ein Kreuz in die entsprechende Spalte des jeweiligen Tages machen. Verbinden Sie dann die Kreuze miteinander.

Problemverhalten: _____   Monat: _____

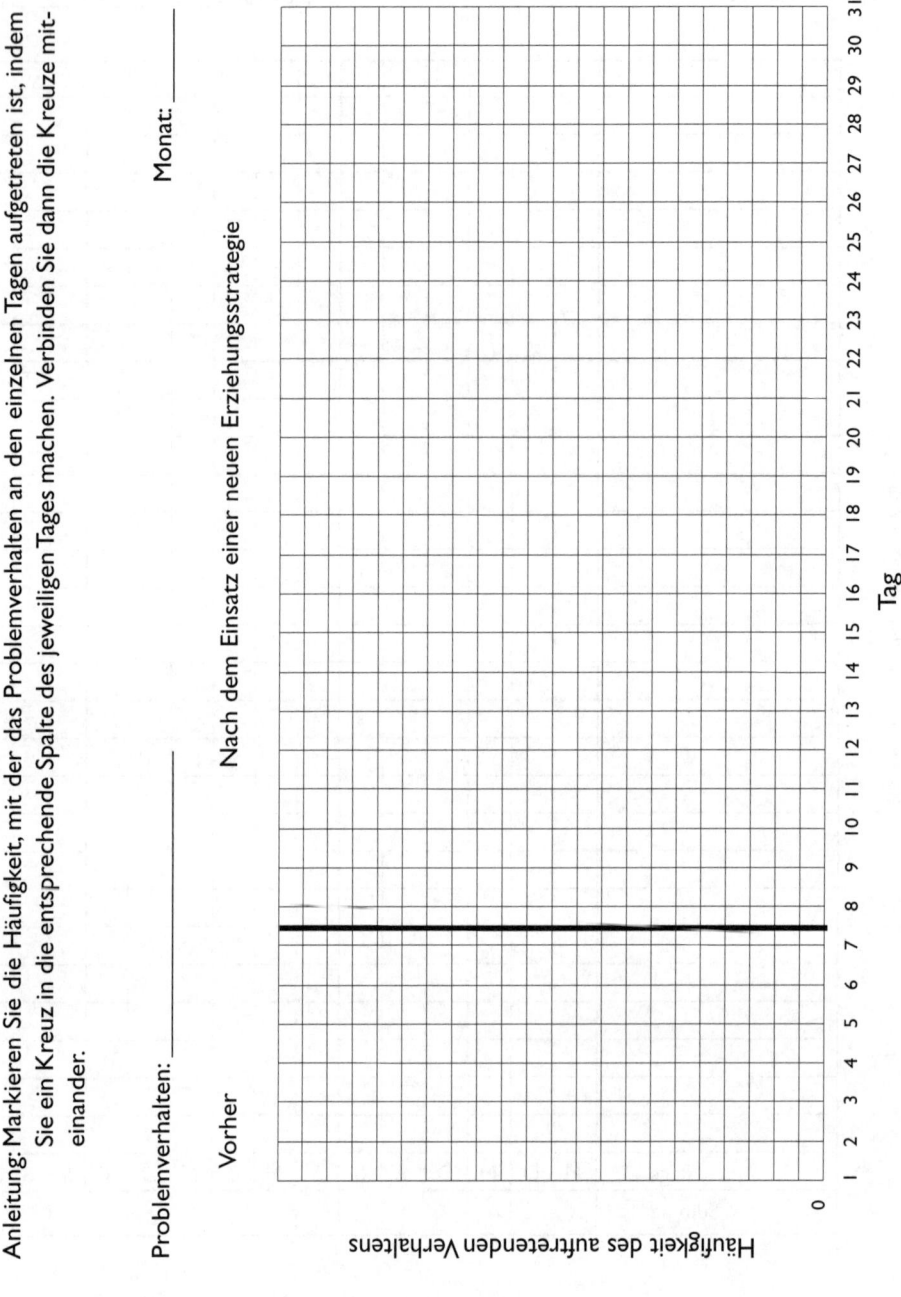

Vorher   Nach dem Einsatz einer neuen Erziehungsstrategie

Häufigkeit des auftretenden Verhaltens

Tag

Anleitung: Wählen Sie zwei der Strategien aus, die in der zweiten Sitzung besprochen wurden und die Sie in der nächsten Woche zu Hause ausprobieren wollen. Machen Sie es so konkret wie möglich (ein Ziel könnte zum Beispiel sein, mindestens fünfmal am Tag Ihr Kind beschreibend zu loben). Benutzen Sie die Tabelle, um festzuhalten, ob Sie Ihre Ziele jeden Tag erreicht haben. Schreiben Sie auf, was gut läuft und ob es Probleme gibt.

I. ZIEL:

....

....

2. ZIEL:

....

....

Tag	I. Ziel: Ja/Nein	2. Ziel: Ja/Nein	Bemerkungen
I			
2			
3			
4			
5			
6			
7			

Anleitung: Notieren Sie den Tag, das Problemverhalten, wann und wo es aufgetreten ist und die Dauer der Auszeit.

Festgesetzte Zeit für die Auszeit: 2 Min. ☐   3 Min. ☐   4 Min. ☐   5 Min. ☐

Tag	Problemverhalten	Wann und wo trat es auf	Dauer der Auszeit

Anleitung: Notieren Sie Ihre Ziele für die praktische Übung. Formulieren Sie diese so konkret wie möglich. Ein konkretes Ziel ist zum Beispiel, sich vorzunehmen, mindestens dreimal ein beschreibendes Lob einzusetzen. Verwenden Sie die folgende Tabelle, um zu notieren, ob Sie Ihr Ziel erreicht haben. Beschreiben Sie, was gut geklappt hat und auch, ob Schwierigkeiten aufgetreten sind.

ZIEL 1:

ZIEL 2:

ZIEL 3:

	Ziel erreicht? J / N	Kommentare
ZIEL 1		
ZIEL 2		
ZIEL 3		

RISIKOSITUATION

....

EINE ÜBUNG PLANEN

WANN: ....

WO: ....

WER: ....

VORBEREITUNG

....

....

....

REGELN FESTLEGEN

....

....

....

INTERESSANTE BESCHÄFTIGUNGEN

....

....

....

BELOHNUNGEN FÜR ANGEMESSENES VERHALTEN

....

....

....

KONSEQUENZEN FÜR PROBLEMVERHALTEN

....

....

....

ZIELE FÜR DAS NÄCHSTE MAL (AUS DER NACHBESPRECHUNG)

....

....

....

Situation: ....

Anleitung: Immer wenn diese Situation auftritt, sollten Sie für jeden der Schritte aufschreiben, ob Sie ihn durchgeführt haben (J) oder nicht (N) bzw. ob der Schritt nicht anwendbar war (NA).

	Tag				
Schritte	**Schritte durchgeführt?**				
1					
2					
3					
4					
5					
6					
Anzahl der korrekt durchgeführten Schritte:					